L'INFORMATICA OLTRE GLI SCHEMI

Problem solving, tecnologia e algoritmica

Antonello **Z**izi   **G**razia **C**hiuchiolo

ISBN 978-1-326-22505-6

Publisced by Lulu Inc.

Raleigh, North Carolina

United States

Un ringraziamento all'amico
Prof. Gianni Concas
per averci fornito preziose
indicazioni durante la stesura
del testo e per averci
segnalato puntualmente
errori e refusi.

INDICE ANALITICO

L'INFORMATICA OLTRE GLI SCHEMI

Problem solving, tecnologia e algoritmica

Introduzione

Il continuo sviluppo delle tecnologie informatiche ha modificato radicalmente usi e costumi di ogni persona. Basti pensare ad esempio quanto sia importante per i più giovani avere un telefono cellulare con il quale scambiarsi messaggi, accedere ai social network e pianificare in qualche modo le loro attività. Dietro questi apparentemente "semplici" elettrodomestici si nasconde una grande tecnologia alimentata dal forte sviluppo delle scienze informatiche e delle telecomunicazioni.

Indubbiamente ogni persona può riconoscere i vantaggi offerti dall'uso corretto della tecnologia ma troppo poche si cimentano nella comprensione di ciò che sta alla base di tutto ciò: l'algoritmica.

L'algoritmica è quella parte dell'informatica che si occupa di formulare le soluzioni logico-procedurali ai problemi per i quali si vuole trovare una soluzione automatizzata. Prima di generare questa soluzione è però necessario prendere coscienza dell'esistenza del problema, così da poter attivare tutti i processi atti ad analizzare, affrontare e risolvere positivamente tali situazioni.

In altri termini si deve percepire il problema, comprenderlo e studiare la migliore strategia risolutiva.

Questo aspetto, ovvero quello della corretta percezione del problema e dell'analisi mirata alla soluzione, prende il nome di "problem-solving".

Il primo capitolo del testo tratta le tecnologie digitali a partire da un esempio concreto e mostra come il mondo analogico, dominato dalle leggi del continuo, contenga infinite informazioni contrariamente al mondo digitale discreto. È mostrata la tecnica di digitalizzazione di segnali analogici e gli errori che comporta, fino al fenomeno dell'aliasing e il teorema di Nyquist-Shannon. Sono presenti alcuni cenni di elettronica digitale ed è mostrato l'uso del transistor nelle porte logiche. I resto del capitolo contiene la descrizione dell'architettura di macchina e delle principali tipologie di sistemi operativi. Nel seguito del testo sono discusse alcune metodologie che migliorano l'approccio alla soluzione di problemi e sono analizzate alcune tecniche risolutive grazie alle quali si potrà costruire quel know-how di base necessario per la comprensione dell'informatica algoritmica.

Nella terza parte del testo è trattata la macchina di Turing e sono proposti numerosi esercizi di complessità crescente che permetteranno di approcciarsi alla programmazione in modo divertente. Per questo argomento si è fatto uso degli strumenti utilizzati nelle gare nazionali della macchina di Turing, organizzate dal dipartimento di Informatica dell'Università di Pisa.

Un certo numero di problemi trattati nel testo prendono spunto dalle prove di selezione delle olimpiadi dell'informatica, con il chiaro intento di stimolare e sensibilizzare gli studenti nei confronti di queste divertenti competizioni.

Quando sarà necessario scrivere dei veri programmi il linguaggio utilizzato sarà il C/C++.

Alla fine del testo è presente l'appendice "Prerequisiti" nella quale si trova una classificazione di materiale on-line, in base agli specifici prerequisiti che gli studenti devono possedere per trarre il massimo profitto dal presente corso di informatica e tecnologie.

1. Analogico o digitale?

Da qualche tempo a questa parte il termine "digitale" appare come un termine familiare con il quale le persone hanno a che fare in ogni momento. La grande maggioranza delle persone però ignora totalmente quello che si nasconde dietro questa tecnologia apparentemente semplice. Nel presente capitolo saranno discussi i fondamenti del mondo digitale e le differenze presenti tra esso e il mondo "analogico" che per definizione si trova in posizione diametralmente opposta.

1.1 La realtà analogica

Per quanto possa sembrare non pertinente, è necessario innanzitutto fermarsi a riflettere sulla realtà che ci circonda e sui fenomeni fisici che la governano.

Ogni persona, dal momento della nascita, è immersa in una realtà dove il tempo trascorre in modo continuo, i fenomeni si susseguono in maniera quasi smussata, senza punti di discontinuità, e subito sarà chiaro il perché.

Si pensi ad esempio a quel che succede quando avvertiamo un rumore improvviso, come quello di un tuono, che ci fa sobbalzare in quanto sembra manifestarsi in un istante.

Il grafico sotto riporta nell'asse x un intervallo di tempo di 4 secondi e nell'asse y un valore di intensità sonora che sarà indicata secondo la sua unità di misura (dB decibel).

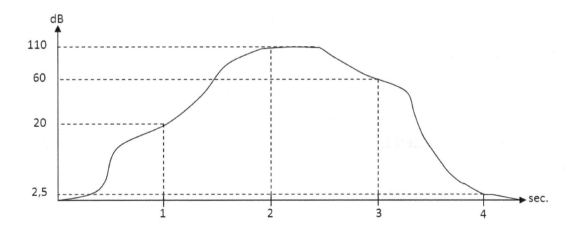

Questo grafico mostra la variazione di pressione sonora nel tempo, durante il manifestarsi di un tuono.

L'andamento del rumore, come si vede, è piuttosto lineare e non presenta alcun salto istantaneo, come invece probabilmente ci si aspettava.

La percezione dei fenomeni da parte dell'uomo risente della lentezza di elaborazione dovuta ai tempi "fisiologici" caratteristici del nostro cervello. Inoltre ci sono dei valori di soglia sotto i quali i fenomeni non possono essere percepiti.

Nell'esempio sopra, una pressione sonora di 20 dB è la stessa che si ha durante un bisbiglio, mentre 50 dB equivalgono al rumore di fondo presente normalmente in una abitazione.

Il vero rumore percepito come fastidio, inizia da 80 dB in su. In questo caso dunque il tempo in cui il rumore si mantiene oltre questa soglia si riduce a circa 0,7 secondi.

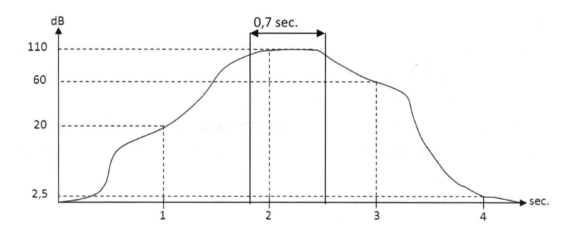

Considerando che il tempo di reazione di una persona è di 1 sec., il tuono sarà avvertito come un evento istantaneo, inaspettato e rapido.

Ogni fenomeno in natura ha delle funzioni di transizione di questo tipo. Tutte le cose succedono in un determinato tempo (diverso da zero), ad es. l'accensione di una lampadina, l'impulso generato dall'impatto di due oggetti, la presenza/assenza di corrente elettrica, etc..

Può cambiare la durata e le modalità di transizione ma esisteranno sempre degli stati stazionari e dei transitori, ognuno dei quali caratterizzato da una propria durata:

1. Stato A (ad es. luce spenta)
2. Transitorio di passaggio tra stato A e stato B (ad es. da luce spenta a luce accesa)
3. Stato B (ad es. luce accesa)
4. Transitorio di passaggio tra stato B e stato A (ritorno alle condizioni iniziali).

1.1.1 Il concetto di trasduttore

Per ricollegarsi al discorso iniziale sarà adesso descritto il funzionamento di un microfono, ovvero di un dispositivo (trasduttore) in grado di trasformare una grandezza fisica in un'altra. Il microfono infatti trasforma un suono (che è una differenza di pressione nel tempo, ovvero un'onda meccanica) in un segnale elettrico equivalente. Tale segnale potrà essere poi amplificato, trasmesso (via cavo o via etere), rielaborato o registrato.

Per comprendere come funziona un microfono bisogna ricordare che quando una bobina costituita da materiale conduttore (come il rame) viene messa in movimento vicino ad un magnete permanente (calamita), ai suoi capi si genera una tensione elettrica che in qualche modo dipende dal movimento che essa compie; in particolare il segnale elettrico generato sarà direttamente proporzionale al movimento della bobina stessa.

Un microfono non è altro che una bobina in grado di muoversi attorno ad un magnete grazie ad un sottile diaframma che vibra quando viene colpito da un'onda meccanica come quella che caratterizza il suono.

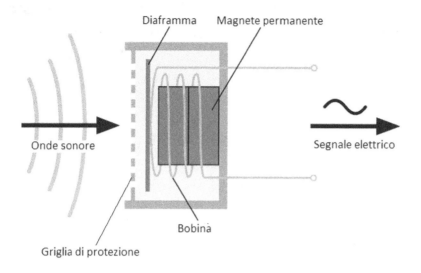

Il suono che passa attraverso la griglia di protezione farà vibrare il diaframma il quale, essendo meccanicamente solidale con la bobina, gli trasferirà questo movimento. La bobina, vibrando attorno al magnete produrrà del potenziale elettrico che avrà lo stesso andamento del suono.

Il segnale elettrico così generato avrà un andamento che varia continuamente nel tempo, come si vede nell'immagine riportata sotto, che mostra un segnale elettrico misurato attraverso uno strumento di misura chiamato oscilloscopio, in grado di mostrarne la forma d'onda.

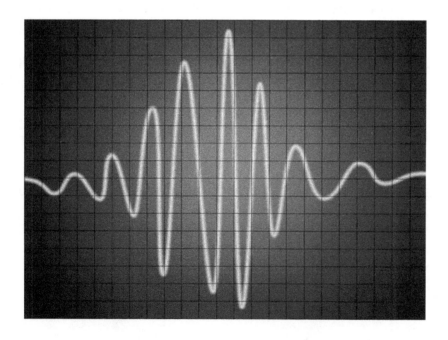

La capacità del segnale di variare con continuità ci fa capire che esiste una corrispondenza biunivoca tra qualunque punto della porzione di tempo analizzato (asse x) e il valore elettrico che il segnale assume in quell'istante (asse y).

In altri termini questo significa che, teoricamente, si potrebbe misurare il potenziale elettrico del segnale in ognuno degli **infiniti** punti dell'intervallo di tempo scelto.

La capacità di poter avere **infinite** misure in un intervallo di tempo limitato, è una caratteristica del mondo analogico. In questo contesto infatti regnano le proprietà del continuo e il solo limite nelle misurazioni delle grandezze fisiche è imposto dalla bontà degli strumenti che l'uomo è in grado di costruire.

1.2 Introduzione al digitale

A differenza del carattere continuo del mondo analogico, il mondo digitale è caratterizzato da dispositivi elettronici il cui funzionamento è scandito dal susseguirsi di un particolare impulso elettrico chiamato clock. Il ciclo di clock determina la transizione di stato dei dispositivi dunque solo in sua presenza può accadere qualcosa, mentre in sua assenza nulla può variare.

Per comprendere quello che succede nel digitale proviamo ad immaginare un mondo che si muove a scatti e che rimane immobile in attesa del clock successivo.
I motivi di questo andamento sono da ricercare nella necessità di stabilizzazione dei circuiti elettronici che eseguono le elaborazioni e nella necessità che ogni singolo componente abbia il tempo di eseguire il suo compito.

Per fare un altro esempio si immagini una corsa a staffetta: ogni corridore deve attendere di ricevere il testimone prima di iniziare la sua corsa.

I dettagli del funzionamento dei circuiti elettronici digitali esulano dagli obiettivi del presente testo dunque si rimanda il lettore alle trattazioni più specifiche presenti sui testi d'indirizzo.

1.2.1 Cenni di elettronica digitale

Pur non approfondendo il funzionamento delle reti logiche digitali è interessante capire quali dispositivi elettronici contribuiscano a rendere il calcolatore quello strumento così utile da essere oramai diventato indispensabile. L'unità di commutazione più utilizzata è il **transistor** (o **transistore**).

Tale componente è costituito principalmente da silicio e nell'ambito dell'elettronica digitale è un vero e proprio interruttore dalle dimensioni di appena qualche frazione di millimetro. In un moderno microprocessore (che sarà visto meglio nel seguito del capitolo) ci sono miliardi di transistor e di collegamenti tra essi.

La figura sotto mostra il simbolo elettronico del transistor e una sua rappresentazione come interruttore controllato.

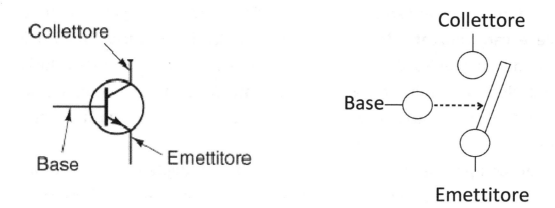

Senza addentrarsi troppo nell'elettronica si può descrivere il funzionamento del transistor nel seguente modo:

Quando si fa circolare una piccola corrente elettrica nel terminale di base, allora si determina la chiusura dell'interruttore tra collettore ed emettitore e questi terminali risulteranno collegati tra loro; quando invece non circola corrente in base allora si determina l'apertura dell'interruttore tra collettore ed emettitore e i due contatti non saranno più collegati insieme.

I circuiti di un calcolatore elettronico funzionano proprio grazie al fatto che in un certo istante in qualche punto può esserci o meno una tensione elettrica. Tutto il calcolo si basa su questi due stati fisici distinti i quali vengono etichettati con il valore **1** quando c'è una tensione elettrica e con **0** quando non c'è tensione.

I valori 0 e 1 rappresentano gli unici due valori che possono essere elaborati da un calcolatore, dunque si dice che il calcolatore lavora su una logica **binaria** (ovvero formata da due soli valori).

Per meglio descrivere come questi due valori influenzano i calcoli si dice che il valore **1** rappresenta il valore di verità **vero**, mentre il valore **0** rappresenta il valore **falso**.

L'aritmetica di macchina è quella aritmetica basata sul sistema binario così da distinguerla dall'aritmetica standard basata sul sistema decimale che è quello usato dall'uomo.

Nell'aritmetica di macchina si definisce **bit** (acronimo di **bi**nary dig**it**) una cifra binaria (che può quindi valere 1 oppure 0). Si definisce invece **byte** (**b**inary oc**tet**) un gruppo di 8 bit. Con 8 bit è possibile rappresentare $2^8=256$ numeri diversi, come si vede in tabella.

0 = 00000000	30 = 00011110	60 = 00111100		226 = 11100010
1 = 00000001	31 = 00011111	61 = 00111101		227 = 11100011
2 = 00000010	32 = 00100000	62 = 00111110		228 = 11100100
3 = 00000011	33 = 00100001	63 = 00111111		229 = 11100101
4 = 00000100	34 = 00100010	64 = 01000000		230 = 11100110
5 = 00000101	35 = 00100011	65 = 01000001		231 = 11100111
6 = 00000110	36 = 00100100	66 = 01000010		232 = 11101000
7 = 00000111	37 = 00100101	67 = 01000011		233 = 11101001
8 = 00001000	38 = 00100110	68 = 01000100		234 = 11101010
9 = 00001001	39 = 00100111	69 = 01000101		235 = 11101011
10 = 00001010	40 = 00101000	70 = 01000110		236 = 11101100
11 = 00001011	41 = 00101001	71 = 01000111		237 = 11101101
12 = 00001100	42 = 00101010	72 = 01001000		238 = 11101110
13 = 00001101	43 = 00101011	73 = 01001001		239 = 11101111
14 = 00001110	44 = 00101100	74 = 01001010	· · · · · · · · · · · ·	240 = 11110000
15 = 00001111	45 = 00101101	75 = 01001011		241 = 11110001
16 = 00010000	46 = 00101110	76 = 01001100		242 = 11110010
17 = 00010001	47 = 00101111	77 = 01001101		243 = 11110011
18 = 00010010	48 = 00110000	78 = 01001110		244 = 11110100
19 = 00010011	49 = 00110001	79 = 01001111		245 = 11110101
20 = 00010100	50 = 00110010	80 = 01010000		246 = 11110110
21 = 00010101	51 = 00110011	81 = 01010001		247 = 11110111
22 = 00010110	52 = 00110100	82 = 01010010		248 = 11111000
23 = 00010111	53 = 00110101	83 = 01010011		249 = 11111001
24 = 00011000	54 = 00110110	84 = 01010100		250 = 11111010
25 = 00011001	55 = 00110111	85 = 01010101		251 = 11111011
26 = 00011010	56 = 00111000	86 = 01010110		252 = 11111100
27 = 00011011	57 = 00111001	87 = 01010111		253 = 11111101
28 = 00011100	58 = 00111010	88 = 01011000		254 = 11111110
29 = 00011101	59 = 00111011	89 = 01011001		255 = 11111111

Le operazioni logiche sono eseguite sui singoli bit e servono per poter svolgere ogni genere di calcolo.

Un'operazione logica fondamentale è la negazione. Quando un bit vale 0 la negazione di quel bit vale 1, viceversa negando un bit che valeva 1 si ottiene 0.

La negazione (come dice anche il termine) restituisce il valore negato. Il tutto appare molto intuitivo se si ricorda che il valore 1 è associato al valore di verità *vero* e il valore 0 al valore di verità *falso*. Infatti, negando il vero si ottiene naturalmente il falso, e negando il falso si ottiene il valore vero.

Come è facile comprendere l'operatore di negazione si chiama **not**, e vale che:

- not(0)=1   (not(*falso*)=*vero*)
- not(1)=0   (not(*vero*)=*falso*)

Con il transistor si può costruire facilmente la porta logica *not* (chiamata anche invertitore), come mostrato nelle figure riportate sotto.

Osservando i circuiti equivalenti si vede che:

a) quando V_{in}=0 dunque quando non circola corrente nella base, tutta la tensione Vcc presente sul collettore sarà presente sul terminale V_{out} (interruttore aperto). Per definizione si dirà che V_{out}=1.

b) Quando invece V_{in}=1 e quindi circola una corrente nel terminale di base, allora il terminale V_{out} si troverà allo stesso potenziale dell'emettitore (infatti l'interruttore sarà chiuso) e V_{out}=0.

Riassumendo si avrà:

- V_{in}=1 $\rightarrow$ V_{out}=0
- V_{in}=0 $\rightarrow$ V_{out}=1

che equivale alla tabella dell'operatore not il cui simbolo logico è un triangolo con un pallino sul terminale di uscita, come mostrato nella figura sotto.

Simbolo funzionale   Tabella di verità

A	X
0	1
1	0

1.2.2 Rappresentazione digitale di un segnale analogico

Attualmente quasi tutti i dispositivi di registrazione e di trasmissione funzionano in tecnologia digitale dunque è necessario trasformare le informazioni analogiche del mondo reale in informazioni digitali che possano essere comprese dai dispositivi.

Ad esempio si supponga di voler trasformare in digitale un segnale musicale analogico ottenuto dal microfono nell'esempio precedente.

Per fare questo si supponga di disporre di un dispositivo a 4 bit con un suo clock interno funzionante ad una certa frequenza F.

Utilizzare un dispositivo a 4 bit significa disporre di 2^4=16 valori per memorizzare l'ampiezza del segnale da digitalizzare, come mostrato nella figura sotto.

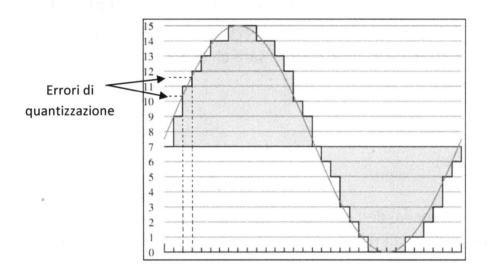

In questo grafico sono riportati i cicli di clock sull'asse x e i valori di cui disponiamo (16) sull'asse y.

Come detto in precedenza la misura può essere effettuata solo in corrispondenza del ciclo di clock e questo determina un primo inconveniente: la forma d'onda originaria, che nella figura appare morbida e smussata, viene trasformata in una serie di gradini.

Un secondo inconveniente riguarda il fatto che nell'istante in cui si misura il segnale potremmo non essere in grado di registrarne il suo valore, come si vede dalle frecce sul grafico. In questo caso ci si dovrà accontentare di registrare il valore più vicino a quello effettivamente letto. Questo errore prende il nome di errore di quantizzazione e dipende dal numero di bit utilizzati per la conversione.

Un segnale digitale, come si vede, porta con se un numero piccolissimo di informazioni se paragonato con il numero infinito delle informazioni presenti in un segnale analogico.

Questo segnale inoltre è affetto da una forte distorsione e non potrebbe essere riprodotto se non con una qualità audio inaccettabile.

In conclusione, maggiore è il numero di bit utilizzati per la conversione e migliore sarà la qualità del segnale equivalente (i lettori CD audio utilizzano 16 bit che corrispondono a più di 65000 valori disponibili) e una frequenza di campionamento di 44.1 KHz.

1.2.3 Aliasing e il teorema di Nyquist-Shannon

Il numero di bit non è l'unico parametro da tenere in considerazione per ottenere una buona conversione da analogico a digitale.

Si supponga ad es. di voler registrare un filmato con un dispositivo digitale in grado di memorizzare 4 fotogrammi al secondo (frequenza di campionamento=4Hz), e si supponga che nel filmato ci sia la scena in cui una biga romana viene trainata da dei cavalli in corsa in modo che le sue ruote compiano 3 giri al secondo (frequenza di rotazione=3Hz). Supponendo di fissare un ipotetico punto sulla ruota del carro vediamo cosa succede in 1.5 sec. di campionamento (si avranno 6 fotogrammi).

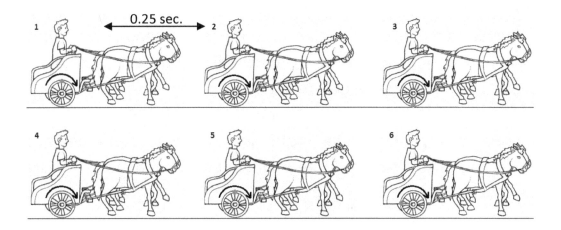

Nel fotogramma 1 il punto rosso si trova in cima alla ruota;

nel fotogramma 2 sono trascorsi 0.25 sec (1/4 di secondo) e la ruota ha eseguito 3 x 0.25 = 0.75 giri, ovvero ¾ di giro completo e il punto rosso si troverà nella posizione indicata.

In ogni fotogramma la ruota compie ¾ di giro completo a partire dallo stato precedente.

Osservando ora la sola sequenza riferita alla ruota si può osservare uno strano fenomeno:

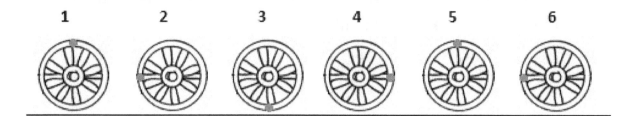

| 1 | 2 | 3 | 4 | 5 | 6 |

La ruota gira in senso contrario!! Cosa è successo?

Il problema nasce dal fatto che ad ogni istante di campionamento la ruota ha eseguito più di mezzo giro (3/4 per la precisione), dunque il puntino si trova vicino a dove si trovava prima, ma dalla parte opposta.

Il campionamento genera allora un effetto inesistente, ovvero quello della rotazione contraria, che prende il nome di aliasing. Nel caso di un filmato questo potrebbe essere anche poco fastidioso ma nel caso di un segnale audio lo renderebbe incomprensibile.

In elettronica e telecomunicazioni, il teorema del campionamento di Nyquist-Shannon o semplicemente teorema del campionamento (il cui nome si deve a Harry Nyquist e Claude Shannon), impone dei vincoli tra la frequenza del segnale e la frequenza di campionamento, facendo si che ad ogni fotogramma il puntino sulla ruota non superi la metà del giro completo. Questo fatto, tradotto in termini più tecnici, si può riformulare così:

Teorema di Nyquist-Shannon

La frequenza di campionamento deve essere maggiore del doppio della più alta frequenza del segnale che si vuole campionare.

1.2.4 Codifica dell'informazione

Come si è già visto l'informazione che circola all'interno delle reti logiche dei calcolatori è formata esclusivamente da valori 1 e 0, corrispondenti alla presenza o assenza di segnale elettrico.

Il mondo dell'uomo invece è caratterizzato da simboli differenti, come ad esempio l'alfabeto a caratteri, che in qualche modo deve poter essere trasformato affinché sia gestibile dal calcolatore.

Il codice ASCII (si pronuncia "askii"), che sta per American Standard Computer Information Exchange è la codifica più usata per i dati alfanumerici. La versione originaria proposta dall'ANSI nel 1963 utilizzava 7 bit e poteva rappresentare al massimo $2^7 = 128$ simboli diversi.

Attualmente si utilizza una versione del codice ASCII che usa un byte. Tale codice viene detto Codice ASCII esteso e permette la rappresentazione di $2^8=256$ caratteri, (128 di base con le varianti relative alle diverse lingue + i caratteri speciali e grafici) e ne esistono 15 versioni in base alla zona geografica di utilizzo. Per noi europei occidentali la versione utilizzata è la ISO-8859-1(Latin-1).

La figura sotto riporta la tabella di base ASCII 7 bit; si noti che i primi 32 valori rappresentano anche dei comandi speciali che non verranno trattati nel presente testo.

000 (nul)	016 ► (dle)	032 sp	048 0	064 @	080 P	096 `	112 p
001 ☺ (soh)	017 ◄ (dc1)	033 !	049 1	065 A	081 Q	097 a	113 q
002 ☻ (stx)	018 ↕ (dc2)	034 "	050 2	066 B	082 R	098 b	114 r
003 ♥ (etx)	019 ‼ (dc3)	035 #	051 3	067 C	083 S	099 c	115 s
004 ♦ (eot)	020 ¶ (dc4)	036 $	052 4	068 D	084 T	100 d	116 t
005 ♣ (enq)	021 § (nak)	037 %	053 5	069 E	085 U	101 e	117 u
006 ♠ (ack)	022 ▬ (syn)	038 &	054 6	070 F	086 V	102 f	118 v
007 • (bel)	023 ↨ (etb)	039 '	055 7	071 G	087 W	103 g	119 w
008 ◘ (bs)	024 ↑ (can)	040 (	056 8	072 H	088 X	104 h	120 x
009 (tab)	025 ↓ (em)	041)	057 9	073 I	089 Y	105 i	121 y
010 (lf)	026 (eof)	042 *	058 :	074 J	090 Z	106 j	122 z
011 ♂ (vt)	027 ← (esc)	043 +	059 ;	075 K	091 [	107 k	123 {
012 ♀ (np)	028 ∟ (fs)	044 ,	060 <	076 L	092 \	108 l	124	
013 (cr)	029 ↔ (gs)	045 -	061 =	077 M	093]	109 m	125 }
014 ♫ (so)	030 ▲ (rs)	046 .	062 >	078 N	094 ^	110 n	126 ~
015 ☼ (si)	031 ▼ (us)	047 /	063 ?	079 O	095 _	111 o	127 ⌂

1.3 Architettura di un calcolatore

Il calcolo automatico nasce in Italia dopo la seconda guerra mondiale, anche se nel 1709 un certo G.Polemi (Padova) applicando una sorta di pendolo alla macchina di Leibniz ottenne una macchina meccanica in grado di effettuare moltiplicazioni e divisioni in modo automatico mediante somme e sottrazioni successive.

Nell'estate del 1954 Enrico Fermi viene in Italia per partecipare alle conferenze della Scuola Internazionale di Fisica di Varenna e, scrive al Rettore dell'Università di Pisa consigliandolo di investire denaro e risorse nella ricerca sui calcolatori elettronici e nel progetto di una macchina da costruire in Italia, come mostrato nella seguente immagine contenente questo suggestivo documento.

Pera di Fassa (Trento) 11 Agosto 1954

Prof. Avanzi
Magnifico Rettore
Università di Pisa

Caro Professore,

    in occasione del mio soggiorno alla Scuola di Varenna i professori Conversi e Salvini mi hanno accennato la possibilità che l'Università di Pisa possa disporre di una somma veramente ingente destinata a favorire il progresso e lo sviluppo della ricerca in Italia.

    Interrogato circa le varie possibilità di impiego di tale somma, quella di costruire in Pisa una macchina calcolatrice elettronica mi è sembrata, fra le altre, di gran lunga la migliore.

    Essa costituirebbe un mezzo di ricerca di cui si avvantaggerebbero in modo, oggi quasi inestimabile, tutte le scienze e tutti gli indirizzi di ricerca.

    Mi consta che l'Istituto per le Applicazioni del Calcolo, diretta dal prof. Picone, ha in corso di acquisto una macchina del genere . Non mi sembra però che questa circostanza diminuisca il bisogno che di tale macchina verrà ad avere un centro di studi come l'Università di Pisa. L'esperienza dimostra che la possibilità di eseguire con estrema speditezza e precisione calcoli elaborati crea ben presto una sì grande domanda di tali servizi che una macchina sola viene presto saturata. A questo si aggiungono i vantaggi che ne verrebbero agli studenti e agli studiosi che avrebbero modo di conoscere e di addestrarsi nell'uso di questi nuovi mezzi di calcolo.

    Con molti cordiali e distinti saluti.

(Enrico Fermi)

Il calcolatore al quale si riferiva Enrico Fermi si basava su un'architettura progettata nel 1947 che, sebbene possa sembrare strano, è sostanzialmente la stessa sulla quale si basano i moderni calcolatori.

L'ideatore di questa soluzione, il matematico informatico ungherese John von Neumann, per primo comprese l'importanza di caricare dati e istruzioni nella memoria centrale e di trattarli come entità omogenee, salvo per il loro significato operazionale.

La seguente figura illustra una semplice schematizzazione dell'architettura di Von Neumann.

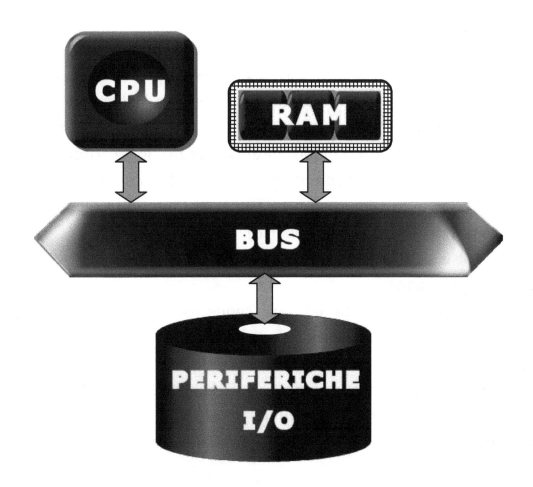

1.3.1 CPU (Central Processing Unit)

La CPU, chiamata anche **microprocessore** è l'unità che si occupa di eseguire materialmente i calcoli e di coordinare le attività dei componenti interni al calcolatore.

Il microprocessore è composto da una unità di controllo, una unità logico-matematica e dai registri di memoria interni ad accesso velocissimo, tra i quali PC (program counter) contenente l'indirizzo della prossima istruzione da eseguire, e IR (Instruction Register) che contiene l'istruzione che deve essere eseguita.

Tutti questi componenti contengono al loro interno miliardi di porte logiche sincronizzate dal ciclo di clock.

1.3.2 RAM (Random Access Memory)

La Random Access Memory (RAM), è la memoria principale dei calcolatori. Questa memoria si dice "volatile", perché è in grado di mantenere le informazioni solo quando è sottoposta ad alimentazione.

La dicitura *"memoria ad accesso casuale"* deriva dal fatto che è possibile leggere i dati in modo diretto, senza dover rispettare un determinato ordine, e che il tempo di accesso ai dati contenuti in RAM , anche accedendo a posizioni scelte a caso, è costante (non dipende dalla posizione che il dato occupa nel supporto).

La RAM è una sequenza di celle di memoria (dette parole), tutte della stessa dimensione.

Ogni cella è costituita da una sequenza di bit il cui numero (lunghezza della parola di memoria) dipende dall'elaboratore, ed è un multiplo di 8.

Si accede ad ogni cella in modo univoco specificando il suo indirizzo.

Ciò che rende la RAM insostituibile è la sua capacità di permettere letture e scritture in modo semplice ed estremamente rapido.

1.3.3 Il Bus di sistema

Il Bus di sistema è una struttura ottimizzata per il trasferimento parallelo di dati e informazioni (attualmente si arriva a 128 bit).

Il Bus è composto da tre parti:

1. Bus indirizzi: questo sottosistema dispone di k linee parallele ed è in grado di indirizzare in un singolo colpo di clock 2^k celle[1];

2. Bus dati: questo sottosistema ha un numero di linee parallele uguale alla lunghezza di una parola di memoria;

3. Bus di controllo: trasferisce i comandi ed i segnali di controllo tra le varie unità.

Osservazione

L'uso del Bus è conteso tra il microprocessore ed i vari dispositivi perciò esiste un **arbitro del bus** che si occupa di assegnare il bus, con una certa politica di priorità, al dispositivo che ne fa richiesta.

1.3.4 Periferiche di I/O

Le periferiche di Input/Output sono tutti quei dispositivi come stampante, tastiera, mouse, scanner, monitor, etc. che permettono al calcolatore di scambiare informazioni con l'esterno.

Le periferiche di ingresso servono per fare "entrare" le informazioni dall'esterno (vd. tastiera, mouse etc.) mentre le periferiche di uscita servono per comunicare all'esterno i risultati delle elaborazioni (vd. stampante, monitor, etc.).

Nell'architettura originale di Von Neumann, anche il dispositivo di memoria di massa rientrava tra le periferiche di I/O.

---

[1] Questo perchè il massimo numero esprimibile con k bit è 2^k-1 perciò considerando anche lo zero si possono avere esattamente 2^k indirizzi differenti.

Oggi, con la gerarchizzazione della memoria, la memoria centrale è estesa da una **memoria virtuale** che risiede nel disco fisso.

La memoria virtuale è dunque uno spazio del disco rigido "mascherato" da RAM che, in caso di superamento dello spazio disponibile in memoria centrale accoglie alcuni dati e istruzioni, che vengono trasferiti nell'HD all'insaputa dei programmi in esecuzione.

Questa tecnica prende il nome di Swapping e nonostante risolva il problema dello spazio in memoria, degrada fortemente le prestazioni a causa della lentezza delle operazioni di lettura e scrittura nell'HD rispetto a quelle nella RAM.

Inoltre esistono memorie più vicine al processore ed estremamente veloci (cache) in grado, attraverso un'opportuna politica di gestione, di mantenere "a portata di mano" i dati più frequentemente utilizzati, in modo da velocizzare l'elaborazione complessiva.

Esercizi

1) Spiega cosa si intende per sistema di elaborazione.
2) Spiega perché Von Neumann ha un ruolo così importante nelle attuali tecnologie informatiche.
3) Descrivi l'architettura di calcolatore proposta da Von Neumann.
4) Descrivi cosa è, come è fatta la CPU.
5) Indica le caratteristiche principali della memoria RAM.
6) Descrivi il BUS di sistema e spiega il suo utilizzo.
7) Quante celle di memoria è possibile indirizzare con 16 bit? (ovvero quale è il massimo numero che si può rappresentare?)
8) Cosa si intende per periferiche di I/O?
9) Elenca le periferiche di Input che conosci.
10) Elenca le periferiche di Output che conosci.
11) Spiega cosa è una parola di memoria.
12) Spiega cosa è la memoria virtuale.
13) Elenca vantaggi e svantaggi della tecnica di **swapping**.

1.4 Il sistema operativo

La complessità dell'**hardware**[2] del calcolatore e l'innumerevole quantità di dettagli necessari per il corretto funzionamento dello stesso, ne renderebbero l'uso incredibilmente complesso a tal punto che nessun utente sarebbe in grado di ottenere qualche risultato.

Durante l'esecuzione di un programma, infatti, si dovrebbe tener conto esplicitamente di tutti i dettagli di elaborazione e ci si dovrebbe confrontare esclusivamente con interminabili sequenze di uni e di zeri.

Inoltre la velocità potenziale di un sistema che funziona a regime non sarebbe nemmeno raggiungibile in quanto i tempi di azione dell'uomo rallenterebbero le elaborazioni del processore e delle periferiche.

Fortunatamente esiste un particolare strato **software** [3] continuamente in esecuzione sui calcolatori, che si preoccupa di interagire direttamente con l'hardware e che si occupa di una uso corretto ed efficiente delle risorse fisiche (processore, memorie, periferiche etc.).

Questo strato, detto anche **software di base** prende il nome di **sistema operativo**.

La maggior parte dei programmi interagisce proprio con il sistema operativo e questo si occupa di invocare funzioni via via sempre a più basso livello fino ad interagire direttamente con l'hardware del calcolatore, come mostrato nella figura che segue.

---

[2] Hardware (o hw), in inglese letteralmente "ferramenta" è tutto ciò che riguarda le parti fisiche di un calcolatore: schede, cpu, ram, periferiche, etc..
[3] Software, a differenza dell'hw rappresenta i programmi e la loro logica, perciò non è riferito a qualcosa di fisico.

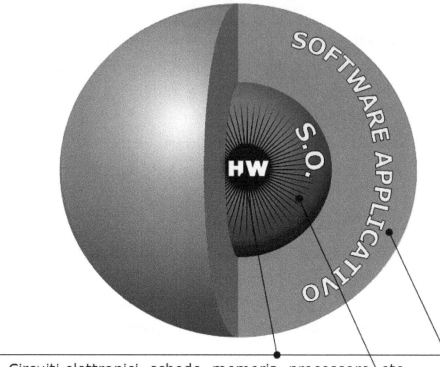

Circuiti elettronici, schede, memoria, processore, etc.

È il livello di SW che interagisce direttamente con l'hw e che si occupa di un uso corretto ed efficiente delle risorse fisiche (processore, memorie, periferiche etc.)

È il livello di SW con cui interagisce l'utente e comprende programmi di ogni genere (Giochi, Word, Excell etc.).

1.4.1 Compiti e funzioni del sistema operativo

Uno dei compiti del SO è quello di **permettere l'esecuzione dei programmi in modo efficiente e coordinato**.

Per far questo il SO deve caricare il codice macchina del programma, che tipicamente risiede su un supporto di memoria di massa, e allocarlo in memoria RAM. Quando è il momento dovrà preoccuparsi di assegnare il microprocessore a quel programma[4], in modo che questo possa andare in esecuzione.

Altro compito del SO. è quello di **facilitare le operazioni verso i dispositivi di I/O**.

In pratica è lui che interagisce con le periferiche (es. modem, reti, stampanti...) facendosi carico di tutti i dettagli fisici che il sistema operativo conosce perfettamente in perchè presenti nei **drivers** delle periferiche installati.

Il S.O. mette a disposizione degli altri programmi le operazioni di lettura/scrittura ad alto livello senza che questi ultimi debbano conoscere i dettagli tecnici della periferica che utilizzano.

Un altro utile servizio messo a disposizione dal SO è quello relativo all'**archiviazione affidabile di dati e programmi**.

L'utente ha una visione astratta della memoria secondaria (File System) e può gestire agevolmente file cartelle ignorando tutti i dettagli legati alla lettura/scrittura dei settori, cilindri, tracce sul supporto fisico (HD) e facendo affidamento sul fatto che gli eventuali errori di I/O saranno gestiti (dietro le quinte) dal sistema operativo.

Uno dei compiti maggiormente gravosi per il SO è quello della **gestione delle risorse**.

È infatti compito del SO ripartire le risorse disponibili (processore, RAM, periferiche) fra le varie applicazioni evitando i malfunzionamenti che si verificherebbero con il loro uso contemporaneo.

Per fare un esempio si pensi a cosa potrebbe succedere se due programmi come Word e un web browser inviassero contemporaneamente i dati alla stampante: la stampa che si otterrebbe sarebbe un miscuglio dei due flussi e sarebbe si poca utilità.

È sempre compito del SO ottimizzare le prestazioni generali del sistema di elaborazione, facendo delle scelte che permettano di sfruttare al meglio tutte le parti del computer.

---

[4] In realtà il processore è assegnato ad un programma solo per una piccola frazione di secondo, successivamente è assegnato, a rotazione, agli altri programmi in attesa di essere eseguiti.

Infine, compito non meno importante dei sistemi operativi è quello di **gestire malfunzionamenti** rilevando e risolvendo situazioni anomale.

Un esempio di cui si è già parlato è la gestione dell'archiviazione nel caso in cui un settore del disco rigido non funzioni correttamente.

In questo caso il SO può trasportare automaticamente le informazioni residenti su quel settore da un'altra parte, senza "disturbare" l'utente.

La seguente tabella riporta in sintesi le funzionalità di un SO.

Funzionalità di un sistema operativo
• Permette l'esecuzione efficiente dei programmi. • Facilita le operazioni di I/O. • Offre un sistema di archiviazione affidabile. • Gestisce le risorse. • Gestisce i malfunzionamenti e le anomalie.

1.4.2 I moduli del sistema operativo

Come si può facilmente intuire, il sistema operativo è un software estremamente complesso e la sua realizzazione richiede sforzi enormi.

Si pensi che per la realizzazione di Windows NT prima versione[5] hanno lavorato ininterrottamente 250 persone[6] per 4 anni, con un costo totale di 150 milioni di dollari relativo alle 6 milioni di righe di programma scritte.

Il lettore è invitato a riflettere sul fatto che se questo sistema fosse stato scritto da una sola persona, questa avrebbe dovuto lavorare ininterrottamente per un millennio!.

A causa di questa enorme complessità, la progettazione e realizzazione di questo tipo di software avviene suddividendo il programma complessivo in moduli da implementare separatamente, ognuno dei quali è in grado di gestire un sottoinsieme di funzionalità.

---

[5] Windows NT 3.1 è il primo sistema operativo Microsoft a 32 bit. La famiglia NT precede di alcuni anni il famoso sistema Windows XP.

[6] Utilizzando una unità di misura diffusa negli ambienti di sviluppo software, si dice che il tempo necessario per lo sviluppo di tale SO è di 1000 anni/uomo.

Nei sistemi operativi come UNIX, la suddivisione avveniva per strati concentrici, disposti attorno all'hardware del calcolatore.

In questo modo, lo strato più interno, detto **kernel** (nucleo) ha il compito esclusivo di gestire il processore e di offrire allo strato più esterno una "traduzione" semplificata dei comandi del processore stesso.

In questa tipologia di SO, lo strato esterno al kernel non conosce i dettagli del processore ma interagisce con questo invocando semplicemente comandi del tipo *"somma questi due numeri"*, oppure *"esegui questa divisione"*, etc.

La seguente figura mostra una schematizzazione di sistema operativo costruito a strati, detto anche sistema "onion ring" (a strati di cipolla).

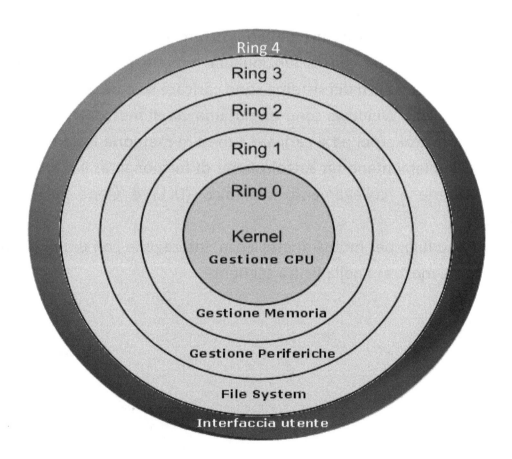

L'interfaccia utente è quel modulo predisposto per interagire con l'utente del sistema. Questa comprende una shell di comandi e (se previsto) un ambiente desktop visuale, tipicamente organizzato a finestre.

Attraverso questi due componenti è possibile interagire con il SO, dunque con il calcolatore.

Un grosso vantaggio nel costruire i sistemi in questo modo deriva dal fatto che ogni strato conosce solo le funzionalità dello strato sottostante, inoltre quando si effettua una sostituzione dell'hardware (macchina fisica), l'unico strato a dover essere eventualmente modificato o riscritto è il kernel.

I SO come quelli elencati in figura si chiamano anche **monolitici** in quanto il kernel offre una virtualizzazione di tutta la macchina fisica ed in ogni istante tutto il SO è caricato in memoria centrale.
Una alternativa a questi sistemi è data dai sistemi a **microkernel**.

Qui solo il kernel con le funzionalità minime è caricato subito in memoria, le restanti parti del sistema sono caricate solo all'occorrenza.

I sistemi stile Windows sono un po' una via di mezzo. Il kernel è più grande di un microkernel ed è caricato subito in memoria insieme ad altri moduli che implementano un sottoinsieme di funzionalità; il resto risiede su delle librerie a collegamento dinamico (DLL) e viene caricato su richiesta.

Ogni modulo, per motivi di efficienza, interagisce con più di un altro modulo, come mostrato nella figura seguente.

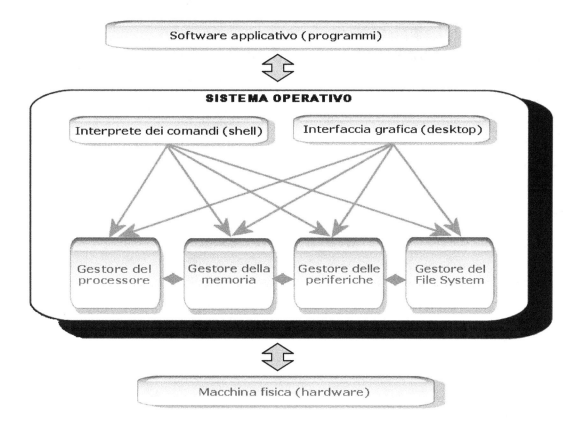

Esercizi

1. *Spiega cosa si intende per hardware e software.*
2. *Spiega cosa è e a cosa serve il sistema operativo.*
3. *Descrivi le funzionalità ed i compiti del sistema operativo.*
4. *Cosa si intende per software di base?*
5. *Cosa sono i file e le cartelle?*
6. *Quali sono i moduli di un sistema operativo?*
7. *Quale parte del SO gestisce il microprocessore?*
8. *Quali sono i vantaggi nel suddividere il sistema operativo in più moduli?*
9. *Quale modulo del sistema operativo è direttamente visibile agli utenti?*
10. *Descrivi, con parole tue, il funzionamento di un sistema di elaborazione.*

2. Riconoscere un problema

Molti problemi apparentemente difficili possono essere ricondotti a problemi noti e quindi possono essere risolti rifacendosi a modelli di soluzioni già utilizzati in precedenza. Si tratta di costruirsi un "bagaglio scientifico" di possibili modelli risolutivi da utilizzare in modo semplice e immediato.

Per fare questo è necessario affrontare le diverse tipologie di problemi e di classificarli a seconda delle loro caratteristiche, ma prima di fare questo è utile una riflessione sul modo di procedere.

2.1 Il pensiero laterale

Quando ci si trova davanti ad un problema si può cercare di risolverlo seguendo diverse strade e metodologie che comunque rientrano in uno di questi modi di operare:

- affrontarlo per tentativi;
- affrontarlo frontalmente (soluzione diretta, logica);
- affrontarlo in modo "trasversale" (soluzione alternativa, creativa).

Il sistema formativo italiano da sempre fornisce una preparazione che incoraggia ad utilizzare la soluzione diretta; più una persona è specializzata più cercherà di applicare metodi e conoscenze che ripercorrono strade già tracciate e dimostrate.

Sfortunatamente non sempre questo modo di operare porta alla soluzione di un problema. In alcuni casi il problema viene etichettato come problema difficile e questo alimenta un comportamento remissivo che spesso porta lo studente a rinunciare ad altri tentativi di soluzione.

Col pensiero laterale, invece, si viene invitati a compiere delle astrazioni che apparentemente non hanno nulla a che vedere con la soluzione del problema, ma che hanno come risultato quello di spostare o annullare il problema stesso, dunque, in qualche modo, di dare una risposta risolutiva spesso inaspettata.

Un forte sostenitore del pensiero laterale, Edward de Bono, nel suo manuale spiega che:

"Il pensiero laterale procede da una serie di fatti, non da supposizioni. Il pensiero laterale di fatto non fa presupposti, anzi i presupposti iniziali limitano le possibilità di soluzione." [De Bono, "Il pensiero laterale", BUR 1996].

Nel testo sono identificati quattro fattori critici associati al pensiero laterale:

- riconoscere (e allontanarsi dalle) idee dominanti che polarizzano la percezione di un problema;
- cercare maniere differenti di guardare le cose;
- allentare il controllo rigido del pensiero lineare;
- usare ogni chance per incoraggiare altre idee;

De Bono afferma che paradossalmente i soggetti meno specializzati sono più adatti a risolvere un problema, in quanto meno condizionati dalla propria cultura specifica ovvero meno influenzati dalla letteratura relativa al dominio del discorso del problema stesso.

2.2 Il pensiero laterale in pratica

Come tutte le metodologie anche questa ha bisogno di esercizio per poter essere applicata in modo efficace; è necessario volere fortemente risolvere un problema per innescare la scintilla che può attivare il pensiero laterale.

Anche capire se si è o meno davanti a una soluzione laterale potrebbe non essere semplice seppure le soluzioni laterali siano caratterizzate dai seguenti aspetti comuni:

1) capitano di rado e non sono un frutto che si raccoglie con facilità;

2) richiedono un "duro lavoro" sul problema e una ferma e costante volontà di risolverlo: non bisogna mollare mai;

3) il "duro lavoro" sul problema, quando si riceve l'illuminazione, potrebbe rivelarsi del tutto inutile, ovvero la soluzione potrebbe prescindere dai tentativi fatti fino a poco prima;

4) richiedono la disponibilità ad abbandonare tutto ciò che si è fatto e a cambiare totalmente strategia;

5) compaiono all'improvviso e senza preavviso;

6) non sono collegate con quello che si pensava prima che comparissero;

7) presentano il problema da un punto di vista completamente nuovo;

8) sono accompagnate da un sentimento di assoluta certezza che quella è la soluzione migliore;

Ragionare in modo "laterale" rende l'esperienza di ricerca della soluzione estremamente divertente e coinvolge più emotivamente i partecipanti rispetto a tecniche del modo classico.

Il seguente esercizio serve per comprendere meglio cosa si intende per soluzione laterale.

Il cane qua sotto, guarda a est, è formato da 13 fiammiferi più un pezzo per l'occhio. Sapreste farlo guardare a ovest spostando due soli fiammiferi più l'occhio e lasciando la coda attaccata in alto e rivolta verso l'alto?

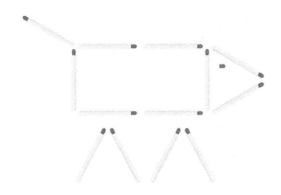

Analizzando il problema in modo logico la risposta è no! Non è sufficiente spostare due fiammiferi e l'occhio ma è necessario spostarne tre. La risposta laterale al presente giochino è riportata (e descritta) tra qualche pagina così da offrire al lettore la possibilità di cimentarsi nella ricerca della soluzione.

Intanto si cercherà di risolvere qualche semplice problema tratto da Internet mediante la tecnica suggerita sopra.

Esercizio

*In una stanza chiusa è contenuta una lampadina collegata a dei fili elettrici, in un'altra stanza tre interruttori. Solo uno di questi accende la lampadina. Potendo azionare i tre interruttori a proprio piacimento e potendo andare nella stanza chiusa **una e una sola volta** per verificare lo stato della lampadina, come si può fare per risalire all'interruttore giusto per accenderla?*

Le condizioni iniziali sono:

1. *Lampadina spenta*
2. *Tutti gli interruttori in posizione off*

Si può procedere con un tentativo di soluzione lineare ma è facile convincersi che la probabilità iniziale di scegliere l'interruttore giusto è $p=1/3$, infatti non ci sono elementi aggiuntivi per capire quale sia l'interruttore da azionare e apparentemente l'unica soluzione è quella di scegliere a caso l'interruttore da azionare, andare nella stanza e verificare se la lampada sia o meno accesa. Se non lo è allora bisogna scegliere uno dei due interruttori non ancora verificati e in questo caso si ha probabilità del 50% di trovare quello giusto. Una soluzione probabilistica è però una non soluzione infatti ci si affida al caso. A questo punto ci si deve sforzare di alimentare il pensiero laterale: si deve vedere il problema sotto altri aspetti, con diverse prospettive.

Nella vita di tutti i giorni può essere capitato di dover sostituire una lampadina, che magari si è bruciata durante il suo funzionamento. Una cosa importante che dovrebbe venire in mente è che la lampadina, dopo un certo periodo di accensione, è calda.

Questa nuova informazione aggiunge una variabile che in qualche modo offre una soluzione alternativa al problema infatti, nominati gli interruttori: A, B, C, si può pensare ad esempio di accendere A per qualche minuto, spegnerlo, accendere B e andare a verificare immediatamente lo stato della lampadina nell'altra stanza; le situazioni che possono verificarsi sono:

1. lampadina spenta e fredda
2. lampadina spenta e calda
3. lampadina accesa

Le interpretazioni dello stato della lampadina sono le seguenti:

1. Se si verifica 1 allora significa che l'accensione dell'interruttore A è stata ininfluente (infatti la lampadina è fredda) e che l'interruttore B (ancora su ON) non è quello giusto. Conclusioni: l'interruttore giusto è il C.
2. Se si verifica 2 significa che l'accensione dell'interruttore A per qualche minuto ha determinato il riscaldamento della lampadina, ovvero l'interruttore giusto è A. L'interruttore B è ancora su ON ma la lampadina è spenta perciò non può essere l'interruttore giusto.
3. Se si verifica 3 la lampadina è accesa mentre l'interruttore B è su ON, ovvero B è l'interruttore giusto.

Bisogna osservare il fatto che nel testo dell'esercizio non si parlava di temperatura della lampadina. La soluzione laterale si è presentata quando si è analizzato il problema da un altro punto di vista e si è presa in considerazione una informazione aggiuntiva che in primo luogo non era stata considerata. In altri termini si è esteso il dominio del problema includendo fattori apparentemente non rilevanti (laterali) che invece contribuiscono in modo determinante a trovare una soluzione al problema stesso.

Esercizio
Un giorno andavo a Civitavecchia quando incrociai 7 vecchiette. Ciascuna vecchietta portava 7 sacchetti, ciascun sacchetto conteneva 7 gattini.
Quante vecchiette e quanti gattini andavano a Civitavecchia?

Anche in questo caso si è tentati di iniziare a calcolare le moltiplicazioni (7 x 7 x 7)... ma cercando di immaginare con più attenzione la situazione descritta dall'esercizio, dovrebbe non dovrebbe sfuggire il fatto che **<<incrociai 7 vecchiette>>**...; ma se le incrociai significa che andavano in un'altra direzione, perciò la risposta è: zero vecchiette e zero gattini andavano a Civitavecchia.

Il prossimo esercizio richiede una attenta analisi e, come al solito, sarà necessario estendere il dominio del problema cercando di osservare il contesto da più punti di vista, così da trovare ogni possibile variabile che possa essere utile nella ricerca della soluzione.

Esercizio

Un guardiano notturno di una grande e importante ditta chiede di essere ricevuto dal Titolare...

-"Allora?"

-"Direttore, non prenda l'aereo domani giovedì 16 aprile, se ci tiene alla vita!"

-"Perché?"

-"Perché questa notte ho sognato che quell'aereo precipiterà nell'oceano e tutti i passeggeri moriranno annegati e saranno divorati dagli squali."

Il Direttore è visibilmente impressionato e risponde, con il suo solito cinismo:

-"Domani rinuncerò a quel viaggio in aereo ma se il tuo sogno non si avvererà sarai licenziato!"

Il sogno però si avvera. Una catastrofe impressionante. Tutto il mondo è turbato. Il direttore convoca il guardiano notturno che aveva fatto il sogno premonitore e gli dice:

-"Sei licenziato!"

Come si spiega?

Come al solito il tentativo di trovare una soluzione lineare costringe ad una analisi del problema basata sulla logica dell'osservazione diretta (causa effetto) e non porta ad una risposta soddisfacente. Il pensiero laterale invece richiede una analisi a più ampio raggio alla ricerca di informazioni trasversali che potrebbero rivelarsi determinanti per la soluzione.

Il guardiano notturno dice al suo capo che l'indomani (giovedì 16) si verificherà un incidente aereo come appare evidente dal suo sogno premonitore di questa notte (la notte di mercoledì 15). Ma il guardiano notturno ha il compito di fare la guardia non di dormire e dal momento che mercoledì 15 aprile è un giorno lavorativo significa che il guardiano si è addormentato durante il suo lavoro.

Per completare questo paragrafo si darà ora la soluzione del giochino del cane di fiammiferi; il testo richiedeva di far guardare il cane verso ovest, ricordate? In quanti modi un cane può guardare verso ovest?
(I cani, come tanti altri animali, possono ruotare la testa...)

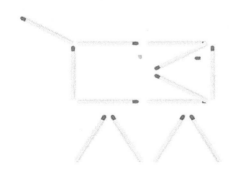

Esercizi

1) Due padri e due figli andarono a caccia e presero complessivamente 9 quaglie. Quando venne il momento di spartirsi la selvaggina scoprirono che toccavano esattamente 3 quaglie a testa. Come si spiega? Informazioni addizionali: si spartirono effettivamente 9 quaglie; * non c'era nessuna quaglia dentro un'altra quaglia.

2) Tre persone piuttosto robuste tentano di ripararsi sotto un piccolo ombrello e nessuno si bagna. Come si spiega?

3) Ci sono tre ragazze molto carine in costume da bagno, circondate da altra gente. Una piange ma è felice, due sorridono ma sono tristi. Sapreste spiegare perché?

4) Il signor Ermenegildo non si regge sulle gambe, tutto gli cade dalle mani e dopo mangiato spesso vomita. I familiari lo portano spesso dal medico ma questi li rassicura: "Ha una salute di ferro! Sta benissimo!" Come spiegate questa incongruenza?

Esercizi

1) *Un autobus percorre il suo normale itinerario in una città del Giappone. Arriva a una fermata e tre passeggeri scendono e nessuno sale. L'autobus riprende la corsa ma poche decine di metri dopo avviene un violento terremoto che fa crollare un edificio proprio davanti all'autobus, seppellendolo all'istante e provocando la morte dell'autista e di tutti i passeggeri. I tre che erano appena scesi guardano la scena inorriditi e dicono: "Perché, perché non siamo rimasti a bordo del bus?"*

   Come giustificate una reazione del genere, considerando che i tre non avevano alcun istinto suicida?

2) *I coniugi Robinson danno l'incarico ai loro figli Flo e Franz di pulire la loro capanna sull'isola deserta. Alla fine del lavoro il viso di Flo è tutto impolverato mentre quello di Franz è pulito. Nonostante ciò Franz corre al fiume per lavarsi il viso invece Flo no.*

   Come si spiega questo comportamento?

3. Classificazione dei problemi

In realtà non tutti i problemi possono essere ricondotti a problemi noti ma, semplificando un po' le cose, si può supporre che sia così.

Questa sezione contiene numerosi esercizi di varia complessità, suddivisi secondo una classificazione che sarà discussa nel capitolo. Di ogni esercizio si analizzerà l'appartenenza ad una delle classi e si fornirà una soluzione (inizialmente completa) sempre più parziale, si daranno sempre meno suggerimenti fino a quando sarà il lettore a dover risolvere autonomamente gli esercizi.

3.1 Riconoscere la classe di appartenenza

La prima suddivisione si ottiene separando dagli altri gli esercizi per cui è evidente la necessità di fornire una soluzione sotto forma di algoritmo o di una porzione di programma in linguaggio C.

Si distinguono allora le seguenti due classi:

- Problemi logico-matematici
- Problemi di informatica

Si inizierà analizzando la prima classe rimandando ad un secondo momento la trattazione della successiva.

Entrambe le classi di problemi possono essere a loro volta suddivise in un certo numero di sottoclassi. In questo modo si ottiene l'albero gerarchico mostrato nella figura riportata nella pagina accanto.

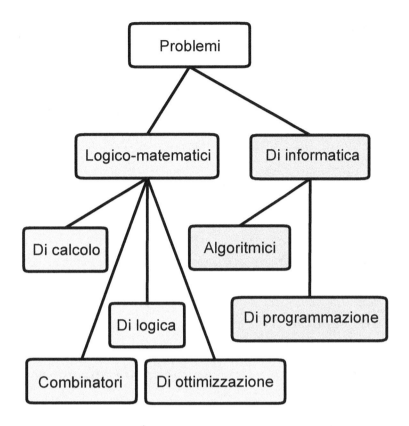

3.2 I problemi logico-matematici

Questi problemi sono dello stesso tipo di quelli che si trovano alle olimpiadi di Matematica.

Per arrivare ad una loro soluzione non sono necessari particolari prerequisiti di programmazione ma è indispensabile possedere alcune conoscenze di matematica e una certa familiarità con il ragionamento logico, ma ancora più importante è avere la volontà e la giusta determinazione per cimentarsi nella ricerca di soluzioni che spesso possono essere trovate anche senza l'uso degli strumenti matematici indicati come prerequisiti. In questo caso si parla di soluzioni "creative" che scaturiscono da impostazioni di ragionamento più "laterali".

I problemi logico-matematici si dividono a loro volta in:

- **problemi di calcolo** per i quali è sufficiente saper esprimere i quesiti sotto forma di equazioni e saper calcolare una o più incognite;

- **problemi combinatori** per i quali è sufficiente applicare le regole di base del calcolo combinatorio ma che permettono di trovare la soluzione anche facendo a meno di tali strumenti;
- **problemi di logica** per i quali si deve cercare quella rappresentazione che permetta di ricondursi alla valutazione di uno o più predicati;
- **problemi di ottimizzazione** che trovano una possibilità di soluzione ricordando i principi della ricerca operativa.

Nel seguito del capitolo verranno analizzati un certo numero di problemi logico-matematici. Per i primi si fornirà qualche soluzione completa e procedendo con gli altri si forniranno sempre meno elementi risolutivi.

È convinzione degli autori che sia il lavoro autonomo svolto dagli studenti a rappresentare il migliore strumento per l'apprendimento delle tecniche risolutive e che sia proprio questo tipo di approccio a garantire maggiormente l'acquisizione della giusta forma mentis che risulterà una risorsa preziosa nella formazione scientifica degli studenti.

3.2.1 Esercizi di calcolo

La chiave per la risoluzione di questi esercizi è saperli esprimere in forma di equazione o di sistema di equazioni. Si consideri ad esempio il seguente problema.

Problema 1

Marcello oggi compie gli anni e i compagni di scuola vanno a casa sua per festeggiarlo. Il suo amico Gabriele lo abbraccia e cerca di sollevarlo, non riuscendoci esclama: "Ma come sei diventato grande, e che peso!". Marcello risponde: "Lo sai, Gabri? Il mio peso, in chili, è quattro volte la mia età, ma tre anni fa pesavo 5 volte la mia età. Eppure sono cresciuto di 6 chili". Quanti anni ha compiuto Marcello?

Soluzione

Sia P il peso di attuale di Marcello e E la sua età corrente. Tre anni fa l'età di Marcello era E-3 e il suo peso era P-6kg.

Allora le due equazioni ricavate dal problema sono:

1) $P = 4*E$ *[peso attuale=4*età attuale]*
2) $P-6 = 5*(E-3)$ *[peso – 6kg = 5*(età di 3 anni fa)]*

Queste due equazioni di primo grado devono essere verificate insieme, perciò si racchiudono in un semplice sistema:

$$\begin{cases} P = 4 \cdot E \\ P - 6 = 5 \cdot (E - 3) \end{cases}$$

Il problema richiede di cercare l'età corrente, ovvero il valore di E. In pratica si deve esplicitare tutto in funzione di E facendo scomparire la P. Sostituendo la prima espressione nella seconda si ottiene:

$$4 \cdot E - 6 = 5 \cdot (E - 3)$$

ovvero:

$$4 \cdot E - 6 = 5 \cdot E - 15$$

Da cui, portando dalla stessa parte i termini con la E e dall'altra parte gli altri si ottiene:

$$15 - 6 = 5 \cdot E - 4 \cdot E$$

Ovvero:

E=9

Dunque Marcello adesso ha 9 anni.

Verifica di correttezza

Per convincersi che questa è la soluzione corretta si deve cercare di sostituire nel testo il valore del risultato e verificare che tutto sia coerente. Marcello afferma di pesare quattro volte la sua età dunque dovrebbe pesare 4*9=36 kg. Inoltre afferma che quando aveva 3 anni di meno (6 anni) pesava 5 volte la sua età di allora (ovvero 5*6 = 30kg) e che da allora è cresciuto di 6 kg; sommando 6 kg al suo peso di allora otteniamo 36kg che è proprio il risultato trovato dalla soluzione del semplice sistema.

Problema 2

Un barattolo di arachidi costa 13 euro; le arachidi costano 11 euro in più del barattolo vuoto. Il barattolo vuoto costa:

a) 10 euro

b) solo 2 euro

c) 1 euro

d) nessuna delle precedenti

Soluzione

Si procede scrivendo il problema sotto forma di sistema:

$$\begin{cases} B + A = 13 \\ A = B + 11 \end{cases}$$

Dal momento che è richiesto il costo del barattolo si deve esprimere tutto in relazione ad esso. Si può procedere ad esempio sostituendo la seconda equazione nella prima ottenendo:

$$B + B + 11 = 13$$

ovvero:

$$2 \cdot B = 13 - 11$$

dunque:

$$2 \cdot B = 2$$

infine:

$$B = 1$$

Il barattolo costa 1 €.

Verifica di correttezza
Se le arachidi costano 11€ più del barattolo e il barattolo costa 1€ significa che le arachidi costano 12€, costo che sommato a quello del barattolo determina il prezzo totale: 12 + 1 = 13€ (come indicato nel testo del problema).

Problema 3

In una filiale postale tre impiegati servono 18 persone in un'ora. Se si raddoppia il personale in quante ore saranno servite 72 persone?

a) 1
b) 4
c) 6
d) nessuna delle precedenti

Soluzione

In questo caso l'incognita è il tempo. Si potrebbe impostare un sistema ma è più semplice trovare la soluzione facendo alcune semplici considerazioni. Raddoppiando il personale si ha che sei impiegati servono 36 persone in un'ora. Allora per servire 72 persone saranno necessarie 2 ore. La risposta corretta è la "d) nessuna delle precedenti".

Problema 4

Il piccolo Pierino guardando attentamente le sue mani scopre di avere 10 dita. Si risponda rapidamente:

Quante dita ci sono in 10 mani?

Soluzione

Questo tipo di problemi, proprio per la loro estrema semplicità, sono formulati in modo da distrarre chi cerca di risolverli suggerendo una risposta troppo immediata apparentemente corretta. Il lettore è invitato a riflettere nel caso in cui la prima risposta che gli sia venuta in mente sia il valore 100. La risposta corretta è ovviamente 50.

Problema 5

Un caposquadra deve coordinare il lavoro di pavimentazione di una piazza. L'operaio A dichiara che riuscirà a completare il lavoro in 4 ore, l'operaio B afferma di riuscirci in 6 ore, l'operaio C in 12. Quante ore dovrebbe stimare il caposquadra se li utilizzasse tutti insieme ?

a) 1

b) circa 1 e mezza

c) 2

d) circa 3

Soluzione

Supponendo che X sia la superficie da pavimentare si calcola quanta porzione di questa superficie può essere pavimentata in un'ora da ognuno degli operai. Sommando queste porzioni si ha la misura di quanta superficie può essere pavimentata in un'ora da tutti e tre insieme.

Superficie coperta in un'ora da A = $\dfrac{x}{4}$

Superficie coperta in un'ora da B = $\dfrac{x}{6}$

Superficie coperta in un'ora da C = $\dfrac{x}{12}$

Superficie coperta in un'ora da tutti e tre gli operai:

$$S = \frac{x}{4} + \frac{x}{6} + \frac{x}{12} = \frac{3 \cdot x + 2 \cdot x + x}{12} = \frac{6 \cdot x}{12} = \frac{x}{2}$$

Il calcolo mostra che tutti gli operai lavorando insieme per un'ora coprono la metà della superficie totale, dunque per coprire tutta la piazza dovranno lavorare per 2 ore.

Problema 6

Daniela ha tre anni più Paolo, che ne ha 5 meno del cugino Giorgio. Quanti anni aveva Giorgio quando la sua età era uguale alla somma degli anni di Daniela e di Paolo?

Soluzione

Siano D, P, G rispettivamente le età di Daniela, Paolo, Giorgio. Si possono scrivere le seguenti equazioni a sistema:

$$\begin{cases} D = P + 3 \\ P = G - 5 \\ G = D + P \end{cases}$$

Sostituendo ad esempio la seconda equazione nella prima si ottiene:

$$D = G - 5 + 3 = G - 2$$

Sostituendo questa equazione nella terza si ottiene:

$$G = G - 2 + P$$

ovvero:

P = 2

che sostituito nella prima equazione determina:
D = 2 + 3 = 5

risultato che sostituito nella terza equazione restituisce:

G = 5 + 2 = 7

che è l'età di Giorgio, dunque la risposta al problema.

Problema 7

Una pianta palustre si riproduce così rapidamente da raddoppiare ogni mese la superficie di acqua che ricopre. Se la pianta impiega 12 mesi a ricoprire metà superficie di uno stagno, quanti mesi saranno necessari affinché ricopra l'intera superficie?

Soluzione (cenni)

Per questo problema si può procedere con un semplice calcolo mentale immaginando quello che succede visivamente alla superficie dello stagno. Se questo mese la pianta ha occupato metà superficie sapendo che è raddoppiata rispetto al mese scorso significa che il mese scorso ne occupava un quarto. Ma allora il prossimo mese quanta superficie occuperà?

Problema 8

La media aritmetica dei quattro numeri 5, 9, X e Y vale 12. Supponendo che i numeri X+7 e Y-3 abbiano lo stesso valore V, quanto vale questo valore?

Soluzione (cenni)

Si devono scrivere le equazioni relative al problema. La prima equazione si ricava dal calcolo della media dei quattro valori e vale:

(5+9+x+y)/4 = 12
5+9+x+y = 48
x + y = 48 − 14

ovvero:

x + y = 34

le altre sono date dall'imposizione che il valore degli altri due numeri sia uguale a V. Il sistema allora è:

$$\begin{cases} x + y = 34 \\ x + 7 = V \\ y - 3 = V \end{cases}$$

La soluzione si ottiene risolvendo il precedente sistema...

Problema 9

Un funzionario delle ferrovie vuole sapere in quante stazioni è salito qualche passeggero sul treno regionale delle 7.00 nella tratta da Milano a Roma. Il controllore non ricorda il numero esatto delle stazioni ma lo informa che a Milano c'era un solo viaggiatore e che ad ogni stazione intermedia ne è salito solo uno e nessuno è sceso. A Roma c'erano 495 passeggeri e ovviamente non è salito nessuno. In quante stazioni è salito qualcuno?

Soluzione (cenni)

Se ad ogni stazione è salito un solo passeggero si può provare a scrivere l'equazione del problema, ovvero:

$$1 + 2 + 3 + .. + (n-2) + (n-1) + n = 495$$

Cambiando l'ordine degli addendi il risultato non cambia, quindi l'equazione sopra è equivalente alla seguente:

$$1+n + 2+(n-1) + 3+(n-2) + ... + n/2 + n/2+1 = 495$$

Come si vede ogni somma parziale (primo + ultimo, secondo + penultimo, terzo + terzultimo...) restituisce il valore *n+1*.

Di queste somme ne occorrono n/2, si procede cioè fino ad arrivare alla metà della serie.

Si ottiene:

n/2 * (n+1) = 495

che è proprio la famosa formula trovata dal giovane Gauss (all'età di 9 anni) per il calcolo della somma dei primi n numeri naturali. Risolvendo la precedente equazione di secondo grado si arriva al risultato.

Esercizio *(si esegua anche la verifica di correttezza)*

Un amico dice all'altro: "Eravamo in 20, ci hanno sottoposti al test di guida con una moto e al test di guida con l'auto, ma solo in 6 li hanno superati entrambi.
Io ho passato solo quello con la moto, quelli che hanno superato solo quello con l'auto sono stati il triplo di quelli che hanno passato solo quello sulla moto".

Quale è il minimo numero degli esaminandi che non ha superato nessuno dei due esami?

Soluzione: n=2. Perché?

3.2.2 Esercizi combinatori

Il calcolo combinatorio studia i modi per raggruppare e/o ordinare secondo date regole gli elementi di un insieme finito di oggetti. Per risolvere gli esercizi di questo tipo è necessario appunto manipolare gli elementi di un insieme (contarli, riposizionarli, raggrupparli, etc.). Per individuare questi problemi è sufficiente riconoscere il tipo di procedimento richiesto per la loro soluzione e se questo porta ad una manipolazione di elementi di insiemi finiti, allora si è in presenza di un esercizio combinatorio.

3.2.2.1 Permutazioni (Pn)

A partire da un gruppo di elementi tutti diversi tra loro, potremmo chiederci in quanti modi sia possibile "riordinare" gli elementi in modo da ottenere gruppi distinti. Ad esempio potremmo voler sapere quante parole di 5 caratteri distinti (anche senza senso) si possano costruire avendo a disposizione le sole 5 vocali: **a, e, i, o, u**.

Si può provare a fare il calcolo generando e poi contando tutte le parole e se si presta la dovuta attenzione il risultato potrebbe essere esatto. Bisogna però prestare molta attenzione perché si devono generare proprio tutte le parole possibili, senza ripeterne nessuna.

In alternativa si può usare un ragionamento deduttivo procedurale e calcolare il risultato senza bisogno di generare tutte le parole.

In particolare si possono contare in maniera incrementale (aggiungendo un elemento alla volta) tutte le possibilità che si hanno a disposizione per formare i gruppi dopo ogni aggiunta.

Si supponga di voler scegliere la prima vocale. In quanti modi questa si può scegliere? Semplice, in 5 modi diversi infatti possiamo sceglierne indifferentemente una tra le 5 che abbiamo a disposizione.

Dopo aver scelto la prima, quanti modi si hanno per scegliere la seconda? anche questa risposta è semplice: se una l'abbiamo già scelta ci rimangono altre 4 possibilità. In totale, per ora, si possono effettuare 5*4 scelte, infatti per ognuna delle 5 scelte precedenti si può scegliere una delle rimanenti 4 vocali.

Scelta la seconda, in quanti modi possiamo scegliere la terza vocale?
Beh, il ragionamento è analogo dunque il risultato è 3 (in totale per ora avremo: 5*4*3 scelte possibili). Rimangono 2 vocali dunque si avranno due modi per scegliere la 4a (5*4*3*2), e dal momento che le precedenti 4 le abbiamo già scelte avremo un solo modo per scegliere l'ultima.

Allora abbiamo scoperto che con 5 vocali si possono creare

5*4*3*2*1 = 120 parole diverse formate da 5 lettere.

Questo risultato si calcola facilmente e non richiede la creazione di tutte le parole quindi evita che si commettano facili errori o dimenticanze.

In matematica il prodotto dei primi n termini (n*(n-1)*(n-2)*..*2*1) prende il nome di fattoriale di n (o anche n fattoriale) e si scrive mettendo un punto esclamativo dietro il numero.

Per quanto detto prima si hanno 5! (si legge 5 fattoriale) modi diversi di permutare 5 vocali.

Esempio

In classe con Leonardo ci sono altri 10 ragazzi (11 in totale). L'insegnante decide che ogni giorno almeno un alunno della classe debba occupare un posto diverso in modo che alla fine tutti abbiano avuto la possibilità di occupare ogni singolo posto avendo accanto ogni possibile compagno. Quanti giorni sono necessari per spostare tutti gli alunni in questo modo?

Da quanto discusso ci sono 11 modi per scegliere il posto per il primo alunno, 10 per il secondo, 9 per il terzo e così via. In totale ci sono 11! permutazioni possibili, dunque occorreranno 11! giorni. (Si osservi che 11!=11*10*9*8*...*1 = 39916800 giorni, che corrispondono circa a 110 mila anni).

3.2.2.2 Disposizioni semplici (Dn;k)

In questo tipo di problemi si richiede di contare quanti sottogruppi di un certo numero k di oggetti distinti si possono realizzare a partire da un gruppo che contiene n oggetti distinti. Per esempio si potrebbe voler calcolare quante parole di 3 vocali si possono costruire a partire da un gruppo di 5 vocali.

Osservazione

Nelle disposizioni semplici due sottogruppi si considerano diversi se diverso almeno uno degli elementi che contengono o se è diverso l'ordine degli elementi all'interno dei sottogruppi

Per trovare una formula semplice che ci permetta di fare questo calcolo procediamo come nell'esempio precedente, in modo incrementale, iniziando a contare i sottogruppi formati da un solo elemento.

In questo caso posso formare esattamente 5 sottogruppi, ovvero:

a, e, i, o, u

Se ora vogliamo sapere quanti sono i gruppi di 2 elementi è sufficiente riflettere sul fatto che ad ognuna delle 5 vocali scelte prima possiamo abbinare una qualsiasi delle 4 vocali rimanenti.

La risposta in questo caso è 5*4 = 20 e rappresenta il numero di sottogruppi di 2 elementi che possiamo realizzare a partire da un gruppo di 5 elementi.

Infine, per arrivare al risultato finale relativo al conteggio dei sottogruppi di 3 elementi, si può riflettere sul fatto che ad ognuna delle 5*4 coppie generate prima è possibile affiancare una qualunque delle tre rimanenti vocali.

Questo significa che il numero complessivo di sottoinsiemi di tre elementi distinti che possiamo costruire a partire da un insieme di 5 elementi è: 5*4*3 = 60.

In matematica il numero di sottoinsiemi di k elementi distinti a partire da un insieme di n elementi distinti, prende il nome di disposizioni semplici e si scrive

Dn;k = n·(n-1)·........·(n-k+1).

Nel caso precedente si aveva:

D5;3 = 5·(5-1)·(5-2) = 5·4·3 = 60

3.2.2.3 Combinazioni semplici (Cn;k)

Il tipo di problema è analogo a quello delle disposizioni semplici, con la differenza che non ci interessano i sottogruppi uguali a quelli già costruiti ma che si differenziano da questi ultimi solo per l'ordine degli elementi.

In pratica, per rifarci all'esempio precedente, se abbiamo già trovato il sottogruppo (a, e, i), non mi interessano tutti quelli che si possono formare permutando i suoi elementi, ovvero:

(a, i, e), (e, a, i), (e, i, a), (i, a, e), (i, e, a).

Dal momento che sappiamo calcolare il numero di permutazioni semplici di un insieme di 3 elementi (infatti sono 3!), per ricavare quanti sottoinsiemi di k elementi distinti si possono creare a partire da un insieme di n elementi distinti, dobbiamo usare la formula delle disposizioni semplici e dobbiamo dividere il risultato per il numero di permutazioni che si possono fare in un sottoinsieme insieme di k elementi.

Rifacendosi all'esempio precedente, se volessi sapere quanti sottoinsiemi di 3 vocali si possono costruire a partire dall'insieme di 5 vocali, in modo da non avere sottogruppi che differiscono solo per l'ordine dei propri elementi, dovrò dividere la formula delle disposizioni per il fattoriale di 3. Calcolando si ha:

C5;3 = D5;3 /Pn =
(5*4*3)/3! =
60/6 = 10

Osservazione

La matematica ci dimostra che $C_{n;k}$ si può calcolare anche con la seguente comoda formula:

$$C_{n;k} = \frac{n!}{k! \cdot (n-k)!}$$

Per curiosità eseguiremo ora il calcolo utilizzando la formula riportata nella precedente osservazione e verificheremo che il risultato sia uguale in entrambi i casi.

$$C_{5;3} = \frac{5!}{3! \cdot (5-3)!} = \frac{120}{6 \cdot 2} = \frac{120}{12} = 10$$

Problema 10

Si deve disegnare un pentagono, e per tracciare ciascun lato si può scegliere se usare un pennarello rosso oppure un pennarello blu. Quanti pentagoni diversi si possono ottenere, tenendo presente che si considerano uguali i pentagoni ottenuti da altro pentagono per rotazione?

Soluzione

Il primo passo è quello di cercare di comprendere il dominio, ovvero lo spazio delle sue soluzioni. In questo caso si possono fare alcune considerazioni in merito a quante combinazioni differenti di colori rosso e blu si possano utilizzare per i lati di un pentagono senza che ci siano rotazioni che rendono coincidenti due o più di queste combinazioni. Sicuramente sarà differente il pentagono con tutti i lati rossi da quello con tutti i lati blu, quindi possono essere conteggiati per poi passare ad analizzare le altre possibilità:

2 + …

Ora si può indagare su quanti modi diversi possiamo scegliere di colorare un lato con un colore diverso rispetto agli altri:

… + 2 + …

Come si vede esistono solo due combinazioni perché le altre si ottengono per rotazione

Analogamente si contano le combinazioni di colore 2R+3B e 2B + 3R (2 lati rossi, 3 lati blu, e viceversa):

... + 4 = 8

In totale si possono creare 8 combinazioni che non coincidono per rotazione.

Problema 11

Una gelateria permette di creare il proprio gelato scegliendo a piacimento tra 4 gusti. Ogni gusto può essere incluso oppure no, indipendentemente dagli altri. Ogni gelato deve contenere almeno un gusto.
Quanti tipi diversi di gelati si possono così formare?

Soluzione (cenni)

Analogamente al problema precedente, anche in questo caso si possono enumerare (contare) le possibili combinazioni differenti. Sicuramente possiamo individuare 4 gelati contenenti ognuno un gusto differente. Successivamente si devono contare quanti gelati si possono avere fissando un gusto e scegliendone un secondo. Poi si devono contare i gelati a tre gusti e infine quelli a 4 gusti...

Problema 12

Se si lanciano tre dadi, qual è la probabilità di fare 12 (naturalmente sommando i valori dei tre dadi)?

Soluzione (cenni)

Anche in questo caso si devono "contare" le combinazioni favorevoli (quelle che hanno somma 12) e dividerle per tutte le possibili combinazioni. Questo modo di procedere è alla base del calcolo delle probabilità e la legge che ne deriva è valida in generale, ovvero:

$$misura\ di\ probabilità = \frac{num.\ casi\ favorevoli}{num.\ casi\ possibili}$$

Ad esempio un caso favorevole è illustrato sotto:

$$5\ +\ 1\ +\ 6 = 12$$

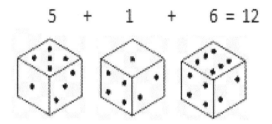

Si tratta semplicemente di enumerare tutte le possibili combinazioni e di calcolare il rapporto tra quelle favorevoli e quelle possibili.

Esercizi

1) Sul palco di un concerto, in posizione "fronte palco", devono prendere posto 6 musicisti tutti allineati: tre chitarristi e tre pianisti. In quanti modi si possono collocare se due musicisti che suonano lo stesso strumento non devono stare vicini ?

2) In quanti modi si possono estrarre due numeri della tombola in modo tale che il primo numero sia pari e il secondo non sia un multiplo di 5 ?

3) Ad inizio anno si costituisce l'organico di una squadra utilizzando 20 giocatori (comprese le riserve). I giocatori, per un certo tipo di allenamento, devono essere divisi in 4 gruppi, due da 6 e due da 4. In quanti modi è possibile distribuire i giocatori nei gruppi ?

4) Si devono scegliere a rotazione 4 giocatori: due terzini e due attaccanti. Determinare in quanti modi è possibile scegliere i 4 giocatori, sapendo che ovviamente un terzino non può ricoprire contemporaneamente il ruolo di attaccante e viceversa (i 4 giocatori devono essere tutti distinti).

5) Si hanno 4 CD di heavy metal, 3 di rock, 2 di pop. In quanti modi diversi possono essere ordinati in uno scaffale supponendo di volere mantenere vicini quelli relativi allo stesso genere musicale?

Esercizi

6) In una classe ci sono 30 persone. Quale è la probabilità che 2 persone compiano gli anni lo stesso giorno?

7) In quanti modi si possono estrarre due numeri della tombola in modo tale che il primo numero sia dispari e il secondo sia un multiplo di 5 ?

8) In quanti modi è possibile raggruppare le lettere dell'alfabeto supponendo di essere interessati esclusivamente alle parole composte da 4 consonanti e 2 vocali, con eventuali ripetizioni?

9) Quante sono le probabilità di effettuare una giocata vincente alla roulette se si punta sui multipli di 3 neri?

10) Si hanno 6 libri di scienza, 4 di geografia, 2 di inglese. In quanti modi diversi possono essere ordinati in uno scaffale supponendo di volere mantenere vicini quelli relativi allo stesso argomento?

4. Logica di Boole

Prima di affrontare le esercitazioni relative ai problemi logici è necessario ridiscutere alcune nozioni di base che dovrebbero già essere state trattate nelle altre discipline. In ogni caso, nella presente sezione, saranno affrontate tutte le tematiche necessarie ad affrontare questo tipo di problemi.

L'algebra di Boole (o algebra booleana) prende il nome dal suo ideatore, il matematico inglese George Boole (1815 – 1864) ed è un sistema algebrico che sta alla base del funzionamento del calcolatore elettronico.

Si tratta di un sistema di calcolo logico basato su due soli valori di verità vero/falso (indicati anche con 1/0) corrispondenti nei circuiti elettronici dei calcolatori alla presenza/assenza di segnale elettrico in un determinato punto. Formalmente l'algebra booleana è identificata dalla sestupla:

(B, **AND**, **OR**, **NOT**, 0, 1)

dove B è l'alfabeto dei simboli formato dai simboli {0,1}, AND e OR sono due operazioni binarie (cioè che accettano due operandi), definite sugli elementi di B, NOT è un'operazione unaria (un solo operando), 0 è l'elemento neutro per l'operazione OR e 1 è l'elemento neutro per l'operazione AND.

Le operazioni dell'algebra booleana godono di alcune proprietà, approfondite in seguito nel testo, che permettono di trattare con rigore matematico tutte le questioni di logica che prima della formalizzazione di Boole erano di dominio della filosofia.

4.1 La logica delle proposizioni

Ai fini di una corretta comprensione dei problemi di logica è necessario introdurre il calcolo delle proposizioni.
Una frase, per essere considerata una proposizione, deve avere un senso compiuto e deve essere possibile attribuirle univocamente e senza ambiguità il valore vero o falso.

Per semplicità si assegnerà un nome simbolico alle proposizioni (P1, P2, etc.) in modo da compattare lo spazio necessario per scrivere le operazioni tra esse.

Si considerino ad esempio le seguenti proposizioni:

P1=Oggi piove;

P2=La neve è bianca;

P3=Il sole è nero;

P4=L'Informatica è amata dagli studenti.

P1 è vera solo nel caso in cui nel momento in cui la si legge (oggi) stia effettivamente piovendo; P2 è vera; P3 (fortunatamente) è falsa. Il lettore attribuisca un valore di verità alla proposizione P4.

4.1.1 La negazione di proposizioni

Operare con le proposizioni può sembrare a prima vista semplice e intuitivo ma questo non deve generare un atteggiamento superficiale perché non sempre tutto è così intuitivo come sembra. La logica si colloca alla base delle scienze in genere, dell'informatica in particolare e deve precedere lo studio degli algoritmi e dei linguaggi di programmazione.

Una dimostrazione immediata delle "insidie" nascoste nel calcolo logico, si può osservare nell'applicazione dell'operatore di negazione NOT ad una banale proposizione come ad esempio alla P2 (La neve è bianca) in modo da invertirne il significato.

Proponendo questo esercizio a chi non conosce la logica, capita frequentemente di ottenere in risposta: "La neve è nera".

Per valutare la correttezza della risposta si osservi attentamente le seguenti figure, la prima rappresentante i colori dell'iride, il bianco e il nero, la seconda il bianco e il non-bianco.

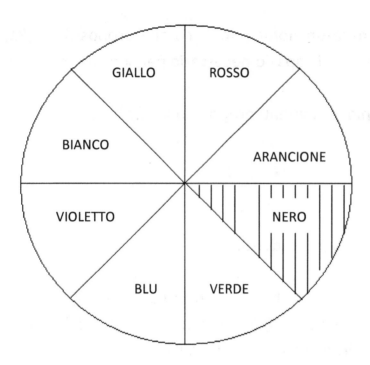

Dalle figure si capisce che la proposizione "La neve è nera" non è sufficiente per negare la proposizione "La neve è bianca"; il nero infatti rappresenta solo uno dei possibili valori che negano la proposizione P2: ad esempio la neve potrebbe essere gialla.

In altre parole dire che la neve è nera non è abbastanza "forte" per cogliere la totalità degli altri casi che, insieme, rappresentano la vera negazione della proposizione di partenza.

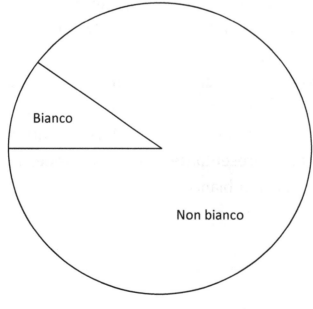

La seconda delle due figure mostra quanto sia più grande l'insieme dei colori che negano la proposizione P2. Questi sono tutti i colori diversi dal bianco, compreso il nero. Allora la negazione corretta per la proposizione P2 è:

Non P2 = La neve non è bianca.

I precedenti esempi mostrano il procedimento corretto di negazione delle proposizioni: negare una proposizione che riguarda una qualche proprietà significa assumere che possano verificarsi tutti gli altri casi, escluso quello che si sta negando.

> **Esercizi:** *negare le seguenti proposizioni*
>
> 1) P1 Tutte le rose sbocciano in primavera
> 2) P2 I funghi spuntano solo quando piove
> 3) Tutte le auto funzionano a combustione
> 4) P4 Pierino si lava i denti tutti i giorni
> 5) P5 In inverno piove almeno un giorno alla settimana
> 6) P6 Ogni gallina fa l'uovo la mattina
> 7) In ogni coppia uno dei due partner a volte si annoia
> 8) Se il sole la sera è rosso, l'indomani è sempre una bella giornata
> 9) Ogni studente che studia viene promosso senza debiti
> 10) Esiste una scuola dove si è promossi senza studiare

4.1.2 Effetti della negazione nei quantificatori

Le proposizioni possono contenere dei quantificatori (tutte, per ogni, esiste...) che rendono l'operazione di negazione meno intuitiva. Si pensi ad esempio alla proposizione P1 del precedente esercizio: Tutte le rose sbocciano in primavera.

Anche in questo caso affidarsi all'intuito potrebbe essere fuorviante e potrebbe portare il lettore a formulare la seguente risposta errata:

"Nessuna rosa sboccia in primavera".

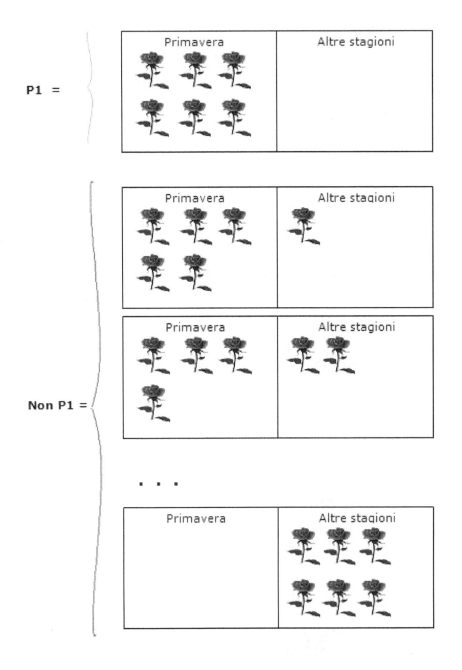

Dalle figure precedenti si intuisce come sia sufficiente che una sola rosa non sbocci in primavera per negare la proposizione P1, infatti se anche solo una rosa non sboccia in primavera non è vero che tutte le rose sbocciano in primavera.

Analogamente si può considerare il caso in cui siano due le rose che non sbocciano in primavera, oppure tre, quattro,... e così via fino al caso in cui nessuna rosa sboccia in primavera.

Questo ultimo caso rappresenta dunque una sola delle tante possibili configurazioni che negano la proposizione di partenza.

Alla luce di quanto discusso la negazione corretta della precedente proposizione è:

Non P1 = Esiste almeno una rosa che non sboccia in primavera.

Non c'è una vera e propria regola per la negazione di proposizioni con quantificatori ma si può notare che quando si nega una proposizione che contiene il quantificatore *"per ogni"*, la proposizione negata probabilmente contiene il quantificatore *"esiste"* insieme alla frase *"almeno un caso per cui non vale..."*. Viceversa, negando una proposizione contenente *"esiste"* si ottiene una proposizione che probabilmente contiene *"per ogni"*.

Per verificare questa pseudo-regola si negherà la seguente proposizione:

P = *Tutti gli alunni che si iscrivono in quinta superano l'esame di stato*

Sostituendo il quantificatore universale tutti (che è equivalente concettualmente a per ogni) con "esiste almeno uno" e negando il resto si ottiene:

Non P = *Esiste almeno un alunno che si iscrive in V che non supera l'esame di stato.*

Nel precedente esempio potrebbero esserci uno, due, tre, quattro,.., al limite tutti gli alunni che si iscrivono in V che non superano l'esame di stato.

Anche in questo caso l'intuito poteva trarre in inganno suggerendo come negazione:

Nessun alunno che si iscrive in V supera l'esame di stato

ma con questa formulazione si sarebbe commesso l'errore discusso in precedenza e si sarebbero trascurati numerosi altri casi.

4.2   Introduzione alla logica simbolica

Finora si è discusso di logica in termini di proposizioni; il prossimo passo sarà quello di utilizzare il formalismo di Boole e di enunciare e verificare le varie proprietà di cui godono le operazioni.

Come nell'algebra classica, si farà uso di variabili (A,B,X,Y,..., etc) le quali potranno assumere esclusivamente il valore 0 (detto valore falso o F) e il valore 1 (detto valore vero o T).

Quando il contesto lo renderà interessante le variabili saranno associate a delle proposizione (come nella logica classica) altrimenti il significato delle variabili stesse non sarà preso in considerazione.

Ci si concentrerà insomma sulle regole e sui meccanismi dell'algebra booleana senza che sia necessario, per effettuare il calcolo, conoscere altre informazioni.

4.2.1 Connettivi e operatori logici

Nel linguaggio naturale esiste un certo insieme di congiunzioni, disgiunzioni, negazioni, che consentono di legare fra loro frasi semplici (o atomiche) per ottenere frasi più complesse.

Questi connettivi, che nell'algebra di Boole prendono il nome di operatori logici, sono proprio gli operatori con i quali si faranno i calcoli.

4.2.1.1 L'operatore binario AND

Questo operatore, chiamato anche prodotto logico o operatore di congiunzione si esprime col simbolo "∧" (oppure il simbolo di prodotto "·" o semplicemente nessun simbolo) e viene utilizzato proprio come la congiunzione "e" (in inglese AND). L'operatore è binario perché accetta due operandi.

Per comprenderne il funzionamento si supponga di acquistare un sistema per il Totocalcio che garantisca la colonna con 12 risultati utili se si verificano le seguenti condizioni:

"Si devono indovinare 11 risultati nella colonna base e il Cagliari deve vincere contro la Fiorentina".

Questa proposizione si può riscrivere utilizzando l'operatore di disgiunzione:

"Si devono indovinare 11 risultati nella colonna base AND il Cagliari deve vincere contro la Fiorentina".

Analizzando la proposizione risultante è evidente che affinché il risultato sia vero, cioè affinché si riesca a vincere con il 12, devono essere vere entrambe le singole proposizioni, ovvero devono essere corretti gli 11 risultati e contemporaneamente il Cagliari deve vincere contro la Fiorentina.

Si può osservare che se solo una delle due condizioni non è vera, allora non è vera nemmeno la proposizione risultante, inoltre, il risultato è falso a maggior ragione quando sono false entrambe le proposizioni.

Il prossimo esempio spiega ancora i concetti discussi. Un industriale francese decide di andare a giocare al casinò di Montecarlo e di presentarsi al tavolo della roulette giocando un certo quantitativo di denaro sulla combinazione "nero + dispari". La proposizione può essere riformulato usando l'operatore AND:

"colore = nero AND numero = dispari".

Affinché il risultato sia vero (cioè per poter riscuotere la vincita) è necessario che si verifichino entrambe le condizioni insieme: il numero estratto deve essere nero e contemporaneamente deve essere dispari. Se una sola delle due condizioni non si verifica, allora non si vince, così come non si vince se entrambe le condizioni non si verificano.

Per rappresentare gli operatori logici è utile servirsi di uno strumento chiamato tabella (o tavola) di verità.

La tabella di verità è la semplice elencazione del risultato dell'operazione per ogni possibile configurazione delle variabili operando. La seguente figura mostra la **tabella di verità** relativa all'operatore AND.

A	B	A ∧ B
0	0	0
0	1	0
1	0	0
1	1	1

In alcuni casi il simbolo del prodotto logico non viene esplicitato, proprio come succede nell'algebra classica, dove l'operazione X·Y può essere indicata con XY

Come si vede dalla tabella, l'operazione di congiunzione assume valore di verità 1 (vero) se e solo se entrambi gli operandi valgono 1.

4.2.1.2 L'operatore binario OR

Questo operatore, chiamato anche somma logica è l'operatore di disgiunzione e realizza in algebra il significato di "o", "oppure". Il simbolo dell'operatore è "+" oppure "v" il quale ricorda l'iniziale del termine latino "vel" che esprimeva la disgiunzione debole o non esclusiva (il risultato dell'operazione è vero se almeno uno dei due operandi è vero, non escludendo il caso in cui entrambi gli operandi sono veri, condizione che continua a generare un risultato vero).

Il seguente esempio chiarisce meglio il concetto.

Sia P la seguente proposizione:

"Sono ammessi al concorso odierno i laureati in Fisica o in Informatica".

Si supponga di associare il valore di verità 1 (vero) al fatto di essere ammessi al concorso, e il valore 0 (falso) al fatto di non essere ammessi; se un candidato ha la laurea in Fisica, cioè verifica una delle due condizioni, allora è ammesso al concorso, ovvero il risultato di tutta la proposizione è vero.

Stessa cosa si può dire se si presenta un candidato con la laurea in Informatica.

Ora, la non esclusività dell'operatore, fa si che anche un candidato in possesso di entrambe le lauree possa essere ammesso al concorso.

Come ulteriore esempio si cerchi di valutare la seguente composizione di proposizioni:

"Ogni volta che un atleta si allena o gli viene sete oppure gli viene fame".

La proposizione è verificata ogni qualvolta un atleta dopo un allenamento avverte sete ed è ancora vera se l'atleta avverte fame.

Per quanto detto prima la proposizione risulta essere ancora vera anche se l'atleta avverte sia sete che fame.

Da questi esempi si può estrapolare la tabella di verità per l'operatore OR:

A	B	AvB
0	0	0
0	1	1
1	0	1
1	1	1

Come si vede dalla tabella l'unico caso che rende falso il risultato è quello in cui gli operandi sono contemporaneamente falsi.

4.2.1.3 L'operatore unario NOT

Questo operatore è l'operatore di negazione logica e si applica ad un solo operando, come già visto precedentemente in occasione dei problemi derivanti dalla negazione di proposizioni.

Il risultato dell'operazione di negazione è l'inverso rispetto al valore dell'operando: se l'operando ha valore 1 la sua negazione avrà valore 0 e viceversa.

Il simbolo di questo operatore è "¬" (ma anche ~, oppure un trattino sopra l'operando, es. $\overline{X}$).

La seguente figura mostra la tabella di verità per l'operatore NOT.

A	¬ A
0	1
1	0

Nel prossimo paragrafo saranno discusse le proprietà dell'algebra booleana, ma prima è necessario descrivere come devono essere eseguiti i calcoli in termini di precedenze degli operatori.

Come nell'algebra classica, le parentesi forzano l'ordine di esecuzione delle operazioni, quindi ciò che si trova dentro parentesi dovrà essere svolto per primo.

Successivamente si procede da sinistra a destra eseguendo tutte le negazioni, poi le operazioni di prodotto logico (AND) ed infine le operazioni di somma logica (OR).

Ad esempio A ^ ¬ (B v C) deve essere risolta nel seguente modo:

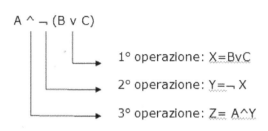

A ^ ¬ (B v C)

1° operazione: X=BvC

2° operazione: Y=¬ X

3° operazione: Z= A^Y

> ❗ Nel resto del testo si utilizzeranno indifferentemente i simboli o i nomi degli operatori logici

Come esempio si risolverà l'espressione

A v B ^ C v ¬ A

La procedura inizia disegnando la tabella di verità inserendo tutte le possibili combinazioni (ordinate) dei valori per le tre variabili A, B, C.

Da quanto discusso in precedenza segue che la prima operazione da eseguire è ¬ A, la seconda è B ∧ C e le ultime due sono i due OR. Il procedimento è riassunto nella tabella illustrata sotto.

A	B	C	X	Y	Z	K
			$\neg A$	B·C	A+Y	Z+X
0	0	0	1	0	0	1
0	0	1	1	0	0	1
0	1	0	1	0	0	1
0	1	1	1	1	1	1
1	0	0	0	0	1	1
1	0	1	0	0	1	1
1	1	0	0	0	1	1
1	1	1	0	1	1	1

Dalla tavola risulta che l'espressione:

A ∨ B ∧ C ∨ ¬ A ha sempre valore 1 per ogni combinazione di A, B, C.

A questo risultato si poteva arrivare anche senza effettuare alcun calcolo ma utilizzando le proprietà che saranno discusse nel prossimo paragrafo.

Esercizi

Risolvi le seguenti espressioni logiche

1. A AND B OR C AND A
2. A AND (B AND C OR A)
3. A AND NOT A OR NOT B
4. B OR C AND C OR NOT A
5. (A AND B) OR (A AND NOT B) OR NOT C
6. NOT(NOT(NOT(NOT A)))
7. NOT A OR NOT B OR NOT C AND A AND B AND NOT C
8. C AND NOT C
9. C OR NOT C AND A OR NOT A OR B
10. NOT(NOT(A AND B OR C)AND NOT A)
11. A AND A AND B OR B AND C OR NOT C
12. NOT (A AND B)
13. NOT (A OR B)
14. NOT A OR NOT B
15. NOT A AND NOT B
16. NOT (A AND B) AND NOT (NOT A OR NOT B)
17. NOT (A OR B) OR (NOT A AND NOT B)
18. A AND NOT B AND C OR NOT C AND B
19. A AND NOT A
20. B OR NOT TRUE

4.3   Proprietà dell'algebra di Boole

Saranno ora discussi i principali assiomi e teoremi fondamentali dell'algebra booleana.

Questi strumenti rappresentano i mattoni di base per poter costruire il ragionamento logico sul quale si fonda l'informatica.

Identità di base			
1	X ∨ 0 = X	X ∧ 1 = X	Esistenza elem. Neutro
2	X ∨ 1 = 1	X ∧ 0 = 0	Somma-prodotto per costante
3	X ∨ X = X	X ∧ X = X	Idempotenza
4	X ∨ $\overline{X}$ = 1	X ∧ $\overline{X}$ = 0	Esistenza dell'inverso
5	$\overline{\overline{X}}$ = X		Involuzione della negazione

Proprietà fondamentali			
6	X+Y = Y+X	X·Y = Y·X	Commutativa
7	X+(Y+Z)=(X+Y)+Z	X·(Y·Z)=(X·Y)·Z	Associativa
8	X·(Y+Z)=X·Y + X·Z	X+Y·Z=(X+Y)·(X+Z)	Distributiva
9	X·(X+Y)=X	X+X·Y=X	Assorbimento
10	$\overline{X+Y} = \overline{X}·\overline{Y}$	$\overline{X}+\overline{Y} = \overline{X·Y}$	De Morgan

Ognuno dei teoremi indicati nelle tabelle è facilmente dimostrabile mediante l'uso delle tavole di verità.

Per esempio, l'esistenza dell'elemento neutro per la somma (1):

X ∨ 0 = X

si dimostra con la seguente tavola di verità

X	0	Xv0
0	0	0
1	0	1

Come si può notare, la colonna Xv0 ha gli stessi valori della colonna X, ovvero X e Xv0 sono la stessa cosa, perciò la dimostrazione è conclusa.

Per fare un altro esempio si dimostrerà ora la proprietà distributiva (8).

$$X \cdot (Y+Z) = X \cdot Y + X \cdot Z$$

Lo svolgimento di questo calcolo inizia indicando nella tavola di verità tutte le possibili combinazioni di valori per le variabili in gioco e, in ordine, si svolgono le singole operazioni rinominando (per comodità) le con lettere maiuscole diverse da quelle presenti nell'espressione, come indicato nelle due tavola di verità le quali rappresentano i due lati dell'uguaglianza da dimostrare.

X	Y	Z	A (Y+Z)	B X·A
0	0	0	0	0
0	0	1	1	0
0	1	0	1	0
0	1	1	1	0
1	0	0	0	0
1	0	1	1	1
1	1	0	1	1
1	1	1	1	1

=

X	Y	Z	A X·Y	B X·Z	C A+B
0	0	0	0	0	0
0	0	1	0	0	0
0	1	0	0	0	0
0	1	1	0	0	0
1	0	0	0	0	0
1	0	1	0	1	1
1	1	0	1	0	1
1	1	1	1	1	1

Come si può notare i valori delle colonne evidenziate (colonne risultato) sono gli uguali in entrambi i lati, perciò l'equivalenza è dimostrata.

Per compattare lo svolgimento di questo tipo di esercizi è possibile accorpare le due tavole in modo da non dover riscrivere i singoli valori di X,Y,X, come mostrato nella seguente tabella.

X	Y	Z	A (Y+Z)	B X·A	C X·Y	D X·Z	E C+D
0	0	0	0	0	0	0	0
0	0	1	1	0	0	0	0
0	1	0	1	0	0	0	0
0	1	1	1	0	0	0	0
1	0	0	0	0	0	0	0
1	0	1	1	1	0	1	1
1	1	0	1	1	1	0	1
1	1	1	1	1	1	1	1

Tra le varie proprietà elencate sopra, le Leggi di De Morgan meritano un discorso a parte.

Questi teoremi infatti garantiscono che le operazioni effettuabili mediante l'operatore AND possano essere eseguite utilizzando l'operatore OR e ciò comporta numerose implicazioni nella progettazione delle reti logiche dei circuiti digitali lasciando libero il progettista di scegliere quali porte utilizzare.

Esercizi

1. Fornisci la dimostrazione di tutte le proprietà dell'algebra booleana discusse sopra.

2. Utilizza queste proprietà per trasformare le seguenti espressioni (da OR a AND e da AND a OR)
   - A AND B AND C
   - A AND (B AND C AND A)
   - A AND NOT A AND NOT B
   - B OR C OR NOT A
   - A AND B
   - A OR B
   - C AND NOT C
   - C OR NOT C
   - NOT(NOT(A AND NOT B)
   - NOT(NOT(NOT A OR B)

3. Risolvi, utilizzando le proprietà, gli esercizi del precedente paragrafo e confronta i risultati con quelli ottenuti precedentemente.

4.4   Esercizi di logica

Il presente paragrafo affronta le tecniche risolutive dei problemi di deduzione logica. Come di consueto si forniranno le soluzioni inizialmente complete e via via sempre più indicative così da accompagnare il lettore nella fase di familiarizzazione nei confronti dei procedimenti risolutivi di questa classe di problemi.

Problema 13

Supponiamo che il mercato azionario segua sempre questa semplice regola:

> ➢ *Se l'andamento di oggi è negativo, allora quello di domani sarà positivo.*

Sapendo che oggi il mercato è in perdita:

- Come era l'andamento di ieri?
- Che andamento ci sarà domani?

Soluzione

Nel problema si suppone che i mercati azionari abbiano un andamento estremamente semplice. Per sapere che andamento ci sarà domani si può applicare semplicemente la regola quindi, dal momento che oggi l'andamento è stato negativo, domani si avrà un andamento positivo. Per scoprire l'andamento di ieri si deve applicare il ragionamento al contrario. Sapendo che oggi l'andamento del mercato è negativo possiamo escludere il caso che l'andamento fosse negativo anche ieri, altrimenti oggi sarebbe stato positivo (vd. regola).

Allora l'unica possibilità è che ieri il mercato doveva avere necessariamente un andamento positivo.

Problema 14

Prima di una gara di motoGP, quattro piloti si incontrano ai box: Valentino, Luca, Daniel, Kasey. Solo una delle loro affermazioni è vera. Chi è il più veloce dei quattro?

Daniel: "*Kasey è il pilota più veloce*"
Kasey: "*Luca è il pilota più veloce*"
Luca: "*Non sono io il pilota più veloce*"
Valentino: "*Non sono io il pilota più veloce*"

Soluzione

Per cercare una risposta è utile disegnare una tabella nelle cui celle inserire le affermazioni di tutti i piloti, così da verificare, anche visivamente, quale sia il pilota più veloce verificando che ci sia una sola affermazione vera.

Luca	Daniel	Kasey	Valentino
Non sono io...	*È Kasey...*	*È Luca...*	*Non sono io...*

Analizzando una ad una le possibilità si ha:
- ✓ Se Luca fosse il più veloce, allora sarebbero vere le affermazioni di Kasey e di Valentino, contro l'ipotesi che impone che ci sia UNA SOLA affermazione vera.

✓ Se Daniel fosse il più veloce, allora sarebbero vere le affermazioni di Luca e di Valentino.

✓ Se Kasey fosse il più veloce, allora sarebbero vere le affermazioni di Daniel, di Luca e di Valentino.

✓ Se Valentino fosse il più veloce sarebbe vera solo l'affermazione di Luca, proprio come asserito dall'ipotesi iniziale.

Problema 15

Durante un viaggio spaziale si verifica un problema che costringe uno dei 5 astronauti a soggiornare per 1 mese nella stazione orbitale internazionale. Nessuno dei 5 vuole abbandonare la missione perciò ognuno di loro deve estrarre una carta e leggere la frase riportata sotto. Una sola delle frasi può essere vera. Chi tra gli astronauti A1, A2, A3, A4, A5 dovrà lasciare l'astronave?

A1: "A4"; A2: "io"; A3: "Non A1"; A4: "Non io"; A5: "io".

Soluzione (cenni)

Per risolvere questo problema si può utilizzare un procedimento analogo a quello utilizzato nel precedente esercizio. Utilizzando una tabella si potrà verificare chi deve lasciare la nave spaziale, osservando quale scelta fa si che solo una delle frasi sia vera.

Chi lascia l'astronave?

A1	A2	A3	A4	A5
A4	io	Non A1	Non io	Io

Problema 16

Un gruppo di archeologi durante l'esplorazione di una piramide restano intrappolati in una camera. Guardandosi intorno notano tre fori nella parete. Traducendo i geroglifici scoprono di essere davanti ad una prova il cui risultato può determinare la loro sopravivenza o la loro fine. Le istruzioni sono semplici: si può infilare la mano in uno solo dei fori e in caso di successo si aprirà un passaggio segreto, altrimenti la camera verrà riempita completamente di sabbia. Le iscrizioni presenti sopra i fori A,B,C:

A: "La soluzione è nella buca C"
B: "La soluzione non è qui"
C: "La soluzione non è qui"

Soluzione (cenni)

Uno dei procedimenti risolutivi è simile a quelli visti finora: si sceglie una soluzione alla volta e si verifica se questa fa si che sia vera solo una iscrizione, in tal caso è stata individuata la risposta corretta.

Esercizi

1. La famiglia di Eleonora consiste di Pino, Maria, Caterina e Andrea. Essi sono la madre, il padre, il fratello e la sorella di Eleonora. Trova il nome del padre, della madre, del fratello e della sorella di Eleonora sapendo che:

- Pino non ha sorelle
- Maria non è la madre di Eleonora

2. Se tutti i mori hanno gli occhi verdi e tutti coloro che hanno gli occhi verdi sono alti, quale fra le seguenti frasi è corretta?

Risposte:

a) alcuni alti sono mori
b) tutti i ricchi sono mori
c) alcuni mori non sono alti
d) nessuna delle precedenti

5. Algoritmi, flusso e formalismo

Finora non si è discusso di programmazione ma ci si è concentrati sugli aspetti matematico/logici dei concetti che sono alla base dell'informatica.

D'ora in avanti si affronteranno i formalismi per la rappresentazione di algoritmi risolutivi per i problemi dati.

5.1 Concetto di algoritmo

Si utilizzerà la seguente definizione di algoritmo:

Un algoritmo è una sequenza finita (con un inizio e una fine) di passi elementari utili per la risoluzione di una classe di problemi.

È importante tenere sempre presenti i seguenti aspetti che caratterizzano un algoritmo ben progettato:

- *i passi devono essere elementari (non scomponibili in sottopassi);*
- *l'algoritmo deve terminare in un tempo ragionevole (calcolabilità);*
- *devono essere prese in considerazione tutte le possibili direzioni di avanzamento (esaustività);*
- *ripetendo il procedimento con dati di ingresso uguali, anche i risultati devono essere uguali (determinismo)".*

Per comprendere meglio questo concetto sarà discusso un algoritmo che tutti noi mettiamo in pratica ogni volta che vogliamo cucinare della pasta.

1) start
2) verso l'acqua nella pentola
3) posiziono la pentola sul fornello
4) accendo il gas

5) metto il sale nell'acqua

6) guardo l'acqua

7) se l'acqua non bolle faccio trascorrere un certo periodo di tempo *t1* e ripeto il punto 6)

8) se l'acqua bolle metto la pasta nell'acqua e faccio trascorrere un certo tempo *t2*

9) assaggio la pasta

10) se la pasta non è cotta faccio trascorrere un certo tempo *t3* e ripeto il punto 9)

11) se la pasta è cotta la faccio scolare

12) verso la pasta nel vassoio di portata

13) condisco la pasta

14) porto la pasta a tavola

15) end

Nell'individuazione dei passi elementari sono stati supposti "abbastanza" elementari passi del tipo 4) "accendo il gas" che altrimenti si sarebbero potuti scomporre in:

4.1) applico una pressione sulla manopola del gas

4.2) ruoto la manopola di 180° in senso orario

4.3) prendo l'accendigas

4.4) aziono l'accendigas

4.5) controllo se il gas è acceso

4.6) se il gas non è acceso ripeto il punto 4.4

4.7) se il gas è acceso ripongo l'accendigas

Come è facile intuire anche ognuna delle sotto-azioni elencate potrebbe essere scomposta in azioni ancora più elementari ma per un esecutore umano (non per un microprocessore), si possono considerare "abbastanza" elementari tutti i passi elencati.

Un altro esempio di algoritmo si ottiene spiegando il funzionamento di un sistema di controllo per l'accensione delle luci di una città; in questi sistemi l'accensione è determinata dal superamento di una certa soglia di luminosità che viene rilevata da una particolare fotocellula.

Anche lo spegnimento è determinato da una riduzione, sotto la soglia impostata, del valore di intensità luminosa rilevato dallo stesso sensore.

Si supponga che all'inizio dei tempi[1] i lampioni cittadini siano spenti (è giorno).

1) Inizio (accensione del sistema)
2) eseguo una lettura di luminosità dalla fotocellula
3) controllo se il cielo è abbastanza buio (tramonto)
4) se il cielo non è buio ripeto il punto 2)
5) se il cielo è buio accendo i lampioni
6) eseguo un'altra lettura della fotocellula
7) controllo se il cielo è abbastanza luminoso (alba)
8) se non è luminoso torno al punto 6)
9) se è luminoso spengo i lampioni
10)   torno al punto 2)
11)   fine (spegnimento del sistema)

Come si può notare questo algoritmo esegue continuamente il controllo sulla luminosità e conseguentemente modifica lo stato dei lampioni (acceso/spento).

In questi casi si dice che si è in presenza di un "ciclo" infinito per cui potrebbe non essere evidente l'effettivo rispetto delle regole discusse in precedenza. Il lettore provi a modificare l'esempio precedente formalizzando un algoritmo nel senso appena discusso (senza cicli infiniti) inserendo il controllo sullo stato di attivazione del sistema, ovvero inserisca il controllo che dice: se il sistema è acceso allora... altrimenti...

---

[1] Con questo termine si intende un istante da considerare come istante iniziale per l'analisi di un determinato problema.

Esercizi

Scrivi gli algoritmi per i seguenti problemi

1   Eseguire un sorpasso in motorino
2   Andare al cinema e guardare un film
3   Prepararsi per uscire la sera
4   Fare una doccia
5   Mangiare in pizzeria
6   Gestire un passaggio a livello
7   Riparare una ruota forata della bicicletta
8   Atterrare con un aereo
9   Imparare l'informatica
10 Suonare uno strumento in una band

5.2   Introduzione al diagramma di flusso

Gli algoritmi visti in precedenza sono stati volutamente rappresentati mediante sequenze di passi (quasi) elementari descritti in un linguaggio naturale.

Questa prassi è quella più intuitiva e ha un'importanza fondamentale in quanto permette di descrivere una prima soluzione al problema e al tempo stesso consente di orientarsi nel contesto in cui il problema è inserito.

Quando un problema è ben delineato e si è riusciti ad individuare i passi risolutivi dell'algoritmo, le fasi successive diventano delle semplici traduzioni verso il linguaggio di programmazione impiegato.

D'altra parte una errata individuazione dei passi risolutivi, ha come risultato la scrittura di un programma non funzionante o che non restituisce esattamente il risultato atteso (indipendentemente dal linguaggio di programmazione scelto).

I linguaggi naturali a causa della loro ambiguità[2] non sono lo strumento migliore per descrivere gli algoritmi i quali devono essere interpretabili in modo univoco.

La necessità di ottenere schemi corretti e privi di ambiguità per gli algoritmi, ha portato all'introduzione di diversi formalismi grazie ai quali è possibile ottenere rappresentazioni univoche, chiare e concise. Uno di questi formalismi è il diagramma di flusso.

Un diagramma di flusso può apparire a prima vista un po' complicato ma "leggendolo" con la dovuta attenzione, si può riconoscere in esso la traduzione dei passi elementari presenti nell'algoritmo, proprio come descritto negli esempi precedenti.

5.3   I simboli del diagramma di flusso

Per poter lavorare con questo nuovo formalismo è necessario impararne l'alfabeto dei simboli, proprio come succede quando si impara a scrivere e a leggere.

I cinque principali simboli del diagramma di flusso, col relativo significato, sono mostrati nella seguente figura.

---

[2] Si pensi ad es. alla seguente frase: "Porta S.Cristina" in cui il termine "Porta" può essere inteso come sostantivo o come verbo.

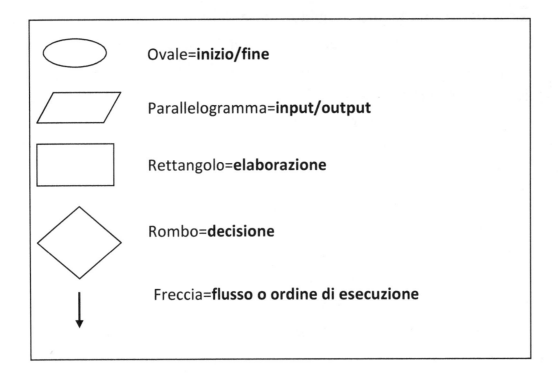

Per comprendere la capacità espressiva di questo formalismo si costruirà, passo dopo passo, il diagramma di flusso relativo all'algoritmo della pasta descritto in precedenza.

La prima operazione consiste nel disegnare l'ovale che rappresenta l'inizio del diagramma con una freccia diretta verso l'operazione successiva: "verso l'acqua nella pentola"; questa è una operazione di normale elaborazione perciò si utilizzerà il simbolo relativo al rettangolo di elaborazione.

Il simbolo successivo (*posiziono la pentola sul fornello*) deve descrivere ancora una elaborazione:

Anche i passi di accensione del gas e di salatura dell'acqua possono essere intesi come passi elementari di elaborazione.

Il passo successivo si differisce da quelli analizzati finora. Osservare l'acqua infatti comporta l'operazione di lettura di un'informazione proveniente dal mondo esterno; devono cioè giungere all'interno dell'algoritmo le informazioni relative allo stato dell'acqua.

Queste operazioni si chiamano operazioni di "input" o di "ingresso" proprio per sottolineare il fatto che le informazioni del mondo esterno "entrano" all'interno dell'algoritmo. Per le operazioni di input si utilizza l'apposito simbolo grafico, ovvero il parallelogramma.

Il prossimo passo prevede un'operazione di scelta in relazione al fatto che l'acqua stia bollendo oppure no.

Il simbolo che descrive le operazioni di scelta (o di selezione) è il rombo.

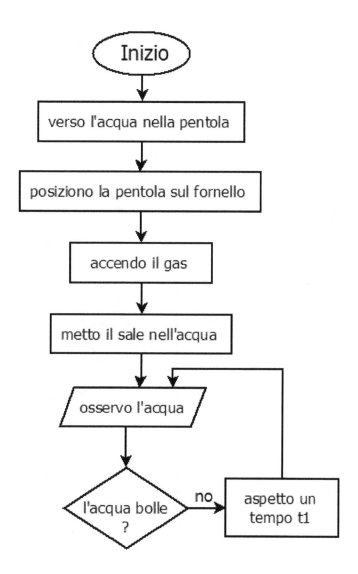

Ora si può completare il diagramma in modo che contenga tutti i passi dell'algoritmo.

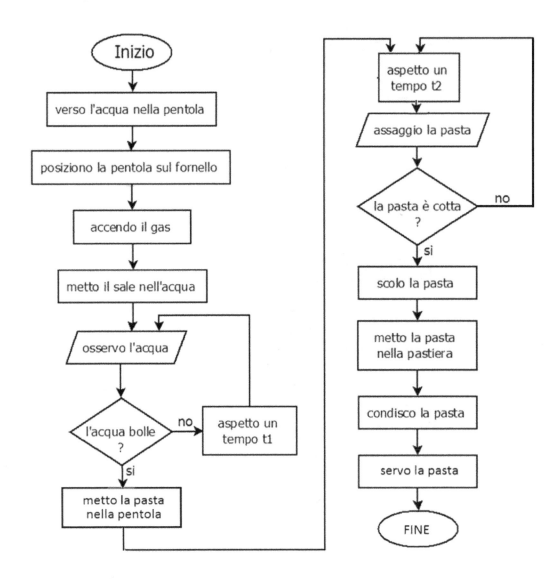

5.4 Correttezza, efficienza e chiarezza

Quando si cerca la soluzione algoritmica ad un problema è necessario verificare di aver ottenuto le tre proprietà fondamentali, ovvero (in ordine di priorità):

- Correttezza;
- Efficienza;
- Chiarezza;

Il primo è un requisito fondamentale affinché la soluzione trovata sia di qualche utilità.

Dire che un algoritmo è corretto significa certificare il fatto che il suo utilizzo deve portare esclusivamente a risultati corretti.

Questa affermazione è tutt'altro che scontata. Spesso, la complessità del problema porta a scrivere algoritmi complessi e laboriosi per i quali non è banale dimostrarne la correttezza.

Inoltre, a partire da algoritmi corretti è possibile ottenere implementazioni (programmi) non corretti.

Per questo motivo è necessario effettuare test unitari e di sistema durante la fase di sviluppo, in modo da verificare il funzionamento del programma verificando prima le singole parti.

Anche così facendo non ci sono in generale garanzie sulla totale correttezza di un programma complesso, ma le probabilità che questo sia corretto aumentano in modo considerevole.

Il secondo requisito è fondamentale per garantire l'utilità stessa del programma: l'efficienza.

È chiaro che se un programma che risponde in modo errato è di scarsa utilità, è analogamente di scarsa utilità un programma che risponde correttamente ma in tempi non accettabili.

Si consideri, ad esempio, il programma che calcola l'angolo di discesa di una navetta spaziale: questo programma effettua in tempo reale numerose letture dei parametri esterni (angolo di discesa, velocità di avvicinamento al suolo, attrito aerodinamico, distanza dal suolo, etc.) e, in base ai dati raccolti, determina l'accensione degli ugelli e dei retrorazzi per riallineare la navicella in modo da tenerla sempre all'interno della traiettoria di atterraggio ottimale.

Se un simile programma impiegasse anche solo un minuto per effettuare i calcoli non sarebbe più utile allo scopo per cui è stato creato: una navetta, che in fase di rientro viaggia a 28080 km/h, in un minuto percorrerebbe 468 km, spazio più che sufficiente per schiantarsi al suolo prima ancora che il calcolatore di bordo abbia completato i calcoli.

Il terzo requisito è divenuto fondamentale dopo che, negli anni, si è capita l'importanza di avere programmi chiari e leggibili in modo da poterli integrare o modificare, o semplicemente nel caso in cui sia necessario analizzarli per cercare eventuali errori.

Una importante voce di spesa nelle software house[3] è determinata dal tempo impiegato per apportare modifiche o cercare e correggere errori all'interno di programmi scritti qualche tempo prima.

Agli albori dello sviluppo dell'informatica, infatti, si sottovalutava la necessità di scrivere software in modo chiaro e di documentare appropriatamente il programma. In quel momento storico ogni programmatore sviluppava il software autonomamente, con il proprio stile e con le proprie convenzioni, senza produrre alcun tipo di documentazione.

Ovviamente questa cattiva pratica portava alla produzione di programmi poco chiari e poco leggibili, ognuno incompatibile con l'altro, che ne tempo presero il nome di "spaghetti software".

Al giorno d'oggi la produzione del software è regolata dagli assiomi dell'Ingegneria del Software, disciplina che studia le tecniche e le metodologie più adeguate per la scrittura dei programmi. Un programma realizzato seguendo le indicazioni dell'ingegneria del software risulta modulare, snello, manutenibile e ben documentato, insomma, riutilizzabile.

---

[3] Azienda produttrice di software

Esercizi
Disegna i diagrammi di flusso per i seguenti problemi

1 Eseguire un sorpasso in motorino

2 Andare al cinema e guardare un film

3 Prepararsi per uscire la sera

4 Fare una doccia

5 Mangiare in pizzeria

6 Gestire un passaggio a livello

7 Riparare una ruota forata della bicicletta

8 Atterrare con un aereo

9 Imparare l'informatica

10 Suonare uno strumento in una band

Spiega perché in un programma è necessario perseguire:

1 *Correttezza*

2 *Efficienza*

3 *Chiarezza*

5.5   L'editor "Dia" per i diagrammi di flusso

Nel presente paragrafo sarà discusso brevemente uno strumento gratuito e open source per la progettazione di diagrammi.

5.5.1 Scaricare il pacchetto di installazione

Lo strumento DiA è liberamente scaricabile dal seguente link: http://dia-installer.de/download/index.html.en

Cliccando sul precedente link si apre la pagina di scaricamento dell'applicativo attraverso la quale è possibile effettuare il download del programma in base al sistema operativo che si utilizza (Windows, Linux, Mac).

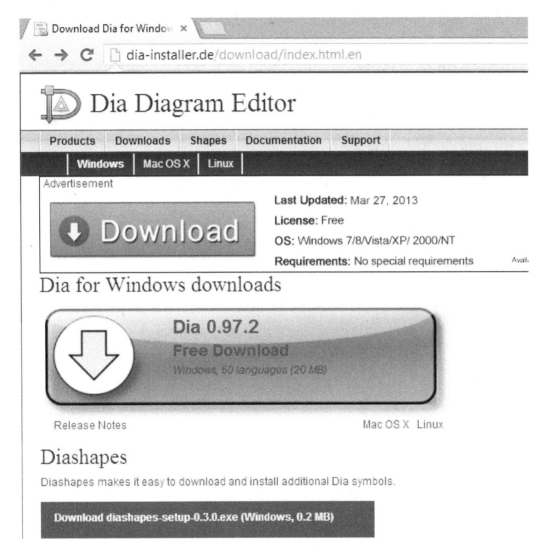

Dopo aver scaricato il pacchetto di installazione è sufficiente cliccarci sopra due volte per avviare l'installazione.

dia-setup-0.97.2-2-unsigned.exe

Accettando le impostazioni di default (predefinite) si completa la procedura e si può aprire il form principale.

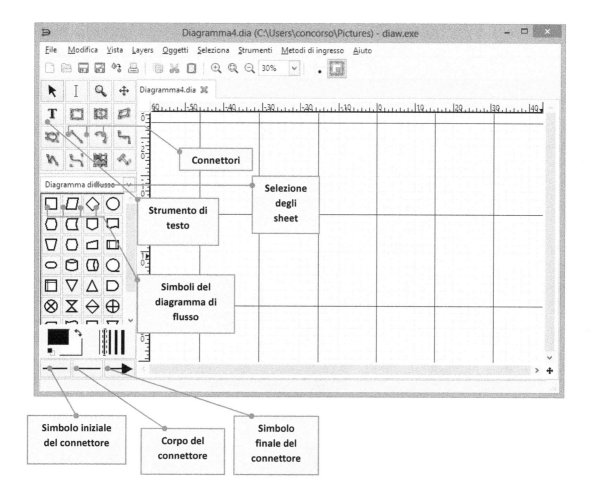

L'uso dell'editor DiA non si discosta molto dall'uso di un qualunque altro editor: si sceglie il toolset desiderato (ad es. lo sheet "Diagrammi di flusso"), si seleziona lo strumento e si inizia a disegnare lo schema.

Al termine è possibile salvare il progetto mediante la consueta procedura di salvataggio, e si può decidere di esportare lo schema in modalità grafica così da poterlo inserire ad esempio in un documento Word.

Per esportare l'immagine si scelga la voce "Esporta" dal menù "File" e si selezioni un formato immagine (es. Gif).

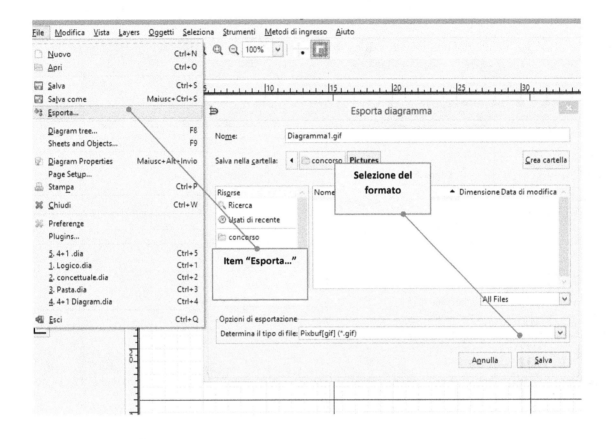

Esercizi

Quale algoritmo descrive il seguente diagramma di flusso?

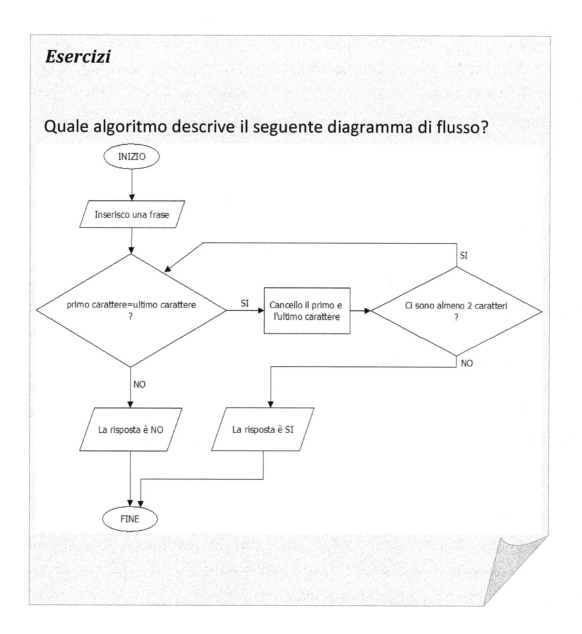

6. La macchina di Turing (MdT)

Nel presente capitolo sarà trattato il modello di calcolo proposto dal matematico inglese Alan Turing[4], in un suo famoso articolo del 1936. Per comprendere meglio chi fosse Alan Turing e quale ruolo abbia avuto durante la seconda guerra mondiale per la decodifica del codice "Enigma", il primo dispositivo di crittografia utilizzato dai tedeschi, si rimanda alla visione del film "Britain's Greatest Codebreaker" (maggiori informazioni sono reperibili su: http://www.turingfilm.com/).

6.1 Il modello della macchina di Turing

Una Macchina di Turing è un modello teorico per il calcolo automatico; la sua architettura può essere assimilata a quella degli odierni calcolatori in quanto una MdT possiede un'unità centrale di elaborazione (CPU, dall'inglese Central Processing Unit) e una particolare memoria a nastro infinito su cui poter leggere e scrivere. La CPU di una macchina di Turing è formata da un registro di stato, contenente lo stato attuale della macchina, e da un programma contenente le istruzioni da eseguire (si presti attenzione al fatto che il programma stesso fa parte della CPU). Nel nastro della MdT possono essere letti, scritti o cancellati i caratteri presenti, e la testina di lettura/stampa può essere spostata avanti o indietro, una cella alla volta.

Osservazione

La computazione di una MdT inizia con la testina posizionata **sul primo carattere non vuoto contenuto nel nastro** e con il processore in uno stato iniziale che solitamente si indica con 0.

---

[4] Alan Mathison Turing (1912 –1954) è stato un matematico, logico e crittografo britannico, considerato uno dei padri dell'informatica e uno dei più grandi matematici del XX secolo. Il suo lavoro ebbe vasta influenza sullo sviluppo dell'informatica, grazie alla sua formalizzazione dei concetti di algoritmo e calcolo mediante la macchina di Turing, che a sua volta ha svolto un ruolo significativo nella creazione del moderno computer. Per questi contributi Turing è considerato il padre della scienza informatica e dell'intelligenza artificiale, che da lui furono teorizzate già negli anni trenta (quando non era ancora stato creato il primo vero computer).

6.1.1 Il concetto di stato

Prima di proseguire con la descrizione del modello computazionale di Turing, è bene chiarire meglio il concetto di stato interno. In particolar modo è necessario comprendere che un esecutore, pur sottoposto allo stesso input e con lo stesso programma, potrebbe comportarsi in modo differente a seconda del suo stato interno. Per chiarire questo aspetto si consideri il seguente esempio.

Si supponga di essere parte integrante di un esecutore sequenziale e di dover eseguire il seguente programma:

1. Sedersi su uno scooter
2. Afferrare le manopole del manubrio
3. Accelerare

Ora, se lo stato dello scooter è 0 (scooter spento) non succederà niente e lo scooter resterà spento (si rimane nello stato iniziale e non c'è nessun output); viceversa, se lo scooter è nello stato 1 (scooter con motore acceso) succederà qualcosa di diverso, così come sarebbe diverso il risultato se lo scooter si trovasse in un ipotetico stato 2 (motore acceso e catena antifurto inserita).

Da questo esempio dovrebbe essere chiaro cosa si intende per stato, ovvero la configurazione in cui l'esecutore si trova in quel preciso momento.

6.2 Funzionamento di una macchina di Turing

Per programmare una MdT si devono scrivere una o più regole le quali si differenziano dalle istruzioni di un programma perché non sono necessariamente eseguite con lo stesso ordine in cui sono scritte, ma in base alla corrispondenza della coppia *<stato interno, simbolo letto>* con l'effettivo stato interno della macchina e con l'effettivo simbolo che si trova sotto la testina, nel preciso momento in cui le regole vengono valutate. Inoltre ogni regola potrebbe essere eseguita più volte. Ognuna di queste regole è formata da 5 simboli separati da una virgola e racchiusi all'interno di una coppia di parentesi tonde. Questi simboli, in ordine, rappresentano:

1. Stato interno;
2. Simbolo che ci si aspetta di trovare sul nastro, sotto la testina nella posizione attuale;

3. Prossimo stato interno;
4. Simbolo da scrivere nella posizione attuale;
5. La direzione di spostamento della testina.

In un contesto di programmazione logica, i punti 1. e 2. Prenderebbero il nome di *testa della regola*, i rimanenti punti formerebbero invece il *corpo della regola*.

Esempi di regole:

Regola	Descrizione
(0, A, 1, B, -)	Se la MdT si trova nello stato 0 e sotto la testina c'è il carattere 'A', allora deve portarsi nello stato 1, deve sovrascrivere il carattere 'A' con il carattere 'B' e non deve muovere la testina dalla cella del nastro sulla quale si trova.
(1, B, 0, A, >)	Se la MdT si trova nello stato 1 e sotto la testina c'è il carattere 'B', allora deve portarsi nello stato 0, deve sovrascrivere il carattere 'B' con il carattere 'A' e deve muovere la testina di una cella verso destra.
(1, B, 0, B, >)	Se la MdT si trova nello stato 1 e sotto la testina c'è il carattere 'B', allora deve portarsi nello stato 0, deve lasciare il carattere 'B' e deve muovere la testina di una cella verso destra.
(1, A, 2, -, -)	Se la MdT si trova nello stato 1 e sotto la testina c'è il carattere 'A', allora deve portarsi nello stato 2, deve cancellare il carattere della cella attuale e non

	deve muovere la testina.
(2, -, 2, -, <)	Se la MdT si trova nello stato 2 e sotto la testina non c'è alcun carattere, allora deve restare nello stato 2, deve lasciare la cella attuale vuota e deve muovere la testina di una cella verso sinistra.
(2, A, FINE, 2, -)	Se la MdT si trova nello stato 2 e sotto la testina c'è il simbolo 'A', allora deve andare nello stato FINE, deve scrivere il 2 nella cella attuale e non deve muovere la testina.

Se la macchina di Turing raggiunge uno stato interno per cui non esiste nessuna regola per la coppia:

<stato interno, simbolo letto>

allora si ferma e termina la sua computazione.

Allo stesso modo la computazione termina se si arriva ad uno stato etichettato "FINE" e ovviamente non ci sono regole che siano eseguibili a partire da questo stato.

Attenzione
Nell'insieme di regole di una macchina di Turing, in associazione ad ogni coppia: *<stato interno, simbolo letto>* deve esistere una sola terna di simboli corrispondenti al *successivo stato interno*, al *simbolo da scrivere nella cella attuale* e *allo spostamento da impartire alla testina*. In altre parole non possono esistere due regole che coincidono su *<stato interno, simbolo letto>*. Se così non fosse, la macchina di Turing non saprebbe quale eseguire in quanto le regole sarebbero ambigue.

Le macchine di Turing rivestono un ruolo fondamentale nello studio della calcolabilità di un problema.

A questo proposito, la **Tesi di Church-Turing** relativa alla calcolabilità automatica delle funzioni, dice che:

Se una funzione non è calcolabile attraverso una macchina di Turing, allora non esiste alcun algoritmo e nessun computer che potrà mai calcolarla.

Ragionare in termini di macchine di Turing non solo fornisce al lettore la giusta forma-mentis necessaria per imparare l'arte della programmazione , ma offre numerosi spunti e molteplici stimoli per l'affinamento delle capacità analitiche e di sintesi.

6.3 Il simulatore della macchina di Turing

In questo paragrafo si vedrà un simulatore di MdT usato anche nelle gare nazionali. Per poter accedere al simulatore è necessario avere una connessione attiva di rete verso Internet, ed utilizzare un comune browser Web. Gli indirizzi per accedere ai simulatori on-line sono:

http://mdt.di.unipi.it/TMSimulatore/TMApplet.html

http://jstmsimulator.vittgam.net/

Cliccando sul primo link si arriva alla seguente pagina Web:

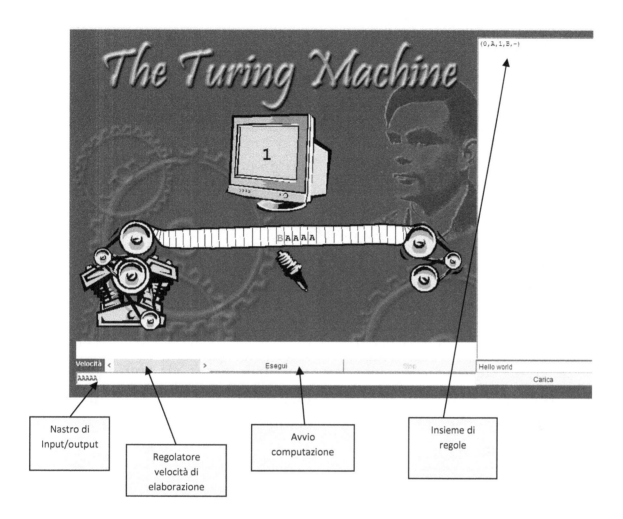

Il secondo simulatore invece gestisce meglio l'animazione grafica del nastro ma sostanzialmente è equivalente al primo.

Grazie alla possibilità di effettuare simulazioni non solo si possono testare immediatamente i propri programmi così da valutarne la bontà ma ci si può allenare per partecipare alla gara sulle macchine di Turing, torneo proposto dall'Università di Pisa che coinvolge ogni anno centinaia di studenti provenienti dalle scuole di tutta la penisola.

Si segua uno dei link riportati sopra e si apra la pagina del simulatore. Ora si scriva una sequenza di caratteri sul nastro di input/output e si scrivano le regole affinché la macchina compia qualcosa. Si avvii ora la computazione e si osservi cosa succede...

Osservazione

Per agevolare la scrittura compatta di regole, Il simulatore consente l'uso della seguente notazione:

(stato1, ABCD, stato2, EFGH, >)

La quale equivale al seguente insieme di regole:

(stato1, A, stato2, E, >)
(stato1, B, stato2, F, >)
(stato1, C, stato2, G, >)
(stato1, D, stato2, H, >).

Si noti che dopo stato1 è possibile scrivere un numero arbitrario *n* di simboli e dopo stato2 ci devono essere esattamente altri *n* simboli, tra i quali può esserci anche il simbolo '-' che indica la cancellazione del contenuto della cella.

6.4   Esempi di macchine di Turing

Problema 17

Si scriva e si verifichi una MdT in grado di incrementare di una unità un numero in base 10 (cifre 0..9) scritto sul suo nastro.

Soluzione

Per risolvere questo problema si devono affrontare alcuni sottoproblemi e si deve cercare di risolverli separatamente. Il primissimo passo è l'analisi di tutti i casi che si possono verificare.

In particolare, oltre ai casi "standard" ci interessa il caso in cui l'ultima cifra sia il 9 per cui il suo incremento determinerebbe la scrittura di uno 0 e l'incremento della cifra immediatamente a sinistra.

Dal momento che ogni computazione della MdT inizia dal primo simbolo non vuoto presente a sinistra del nastro, proviamo a fare qualche esempio concreto e vediamo come si possono costruire le regole per l'incremento unitario.

Si supponga di essere nello stato illustrato sotto.

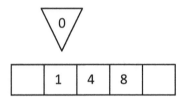

Una idea di soluzione potrebbe essere quella di assegnare alla MdT uno stato di avanzamento (stato 0) e di spostare la testina fino a trovare la prima cella vuota a destra del numero.

La regola che permette di ottenere il comportamento descritto è la seguente:

(0, 0123456789, 0, 0123456789, >)

Osservazione
Con una notazione ancora più compatta (comunque equivalente) si può scrivere:

(0, [0..9], 0, [0..9], >)

Questa regola determina lo spostamento della testina fin sopra la prima cella libera a destra della sequenza e non effettua modifiche alle cifre.

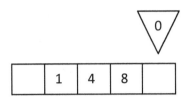

Quando la testina raggiunge la prima cella vuota a destra del numero, allora la MdT passa allo stato di modifica (che si potrebbe chiamare M) e torna indietro di una casella per poter iniziare l'operazione di incremento. La cella che prima era vuota, rimane tale.

(0, -, M, -, <)

Nello stato di modifica M, quando si va ad incrementare una cifra, può capitare il caso per cui non ci sia la necessità del riporto (le cifre sono comprese tra 0 e 8). La regola per gestire questo caso è:

(M, 012345678, B, 123456789, <)

Che, nell'altra notazione compatta, corrisponde a:

(M, [0..8], B, [1..9], <)

Come si vede, una qualunque cifra tra 0 e 8 contenuta nell'ultima posizione sarà incrementata di una unità. Ora si può scegliere di assumere finita la computazione, dunque di passare allo stato finale, oppure di riposizionare la testina all'inizio della sequenza e di terminare l'elaborazione con la testina nella posizione vuota in posizione iniziale. In questo caso la MdT dovrà assumere uno stato di riavvolgimento all'indietro, che per comodità chiameremo B (Back).

In questa modalità la MdT dovrà ritornare indietro senza più modificare le cifre e si dovrà posizionare sulla prima cella vuota a sinistra della sequenza. A questo punto la computazione termina.

Le seguenti due regole implementano quanto discusso in questa seconda ipotesi:

(B, [0..9], B, [0..9], <)

(B, -, FINE, -, -)

Questo ramo di computazione è completo, dunque, se non c'è bisogno di riporto (cifre da 0 a 8) l'insieme delle regole finisce qui.

Analizziamo ora il caso in cui sia necessario il riporto (cifra 9). La MdT si trovava nello stato di modifica M. La cifra 9 diventa 0 e si va ad analizzare la cifra a sinistra, passando allo stato di riporto R:

(M, 9, R, 0, <)

Possono verificarsi tre casi:

- La cifra a sinistra è ancora 9; allora si rimane nello stato di riporto R, si scrive 0 e si sposta la testina a sinistra di una posizione:

  (R, 9, R, 0, <)

- Se invece la cifra a sinistra è compresa tra 0 e 8 la si incrementa di una unità e si va nello stato di riavvolgimento all'indietro B, spostandosi di una cella a sinistra:

  (R, 012345678, B, 123456789, <)

  regola riscrivibile anche come:

  (R, [0..8], B, [1..9], <)

- Infine, se la casella a sinistra è una casella vuota, allora si scrive la cifra 1, ci si sposta a sinistra terminando la computazione:

(R, -, FINE, 1, <)

L'insieme completo delle regole per la soluzione del problema dell'incremento unitario, utilizzando la modalità che fa riposizionare la testina a sinistra della sequenza, è dunque il seguente.

(0, 0123456789, 0, 0123456789, >)
(0, -, M, -, <)
(M, 012345678, B, 123456789, <)
(B, 0123456789, B, 0123456789, <)
(B, -, FINE, -, -)
(M, 9, R, 0, <)
(R, 9, R, 0, <)
(R, 012345678, B, 123456789, <)
(R, -, FINE, 1, <)

Esercizi

1. Riformula le regole per la macchina di Turing che esegue l'incremento unitario di un numero espresso in base 10 e si arresta con la testina posizionata a destra dell'ultimo simbolo della sequenza.

2. Ripeti il precedente esercizio ma utilizza l'incremento su un numero rappresentato in base 8.

Problema 18

Si scriva e si verifichi una MdT in grado di eseguire il complemento
a due di un numero binario di lunghezza arbitraria.

Soluzione

Per risolvere questo problema bisogna ricordare che il complemento
a 2 si può ottenere mantenendo inalterati i bit meno significativi (quelli più
a destra) fino al primo 1 compreso, mentre i bit rimanenti devono essere
invertiti (0 diventa 1 e 1 diventa 0).
Per fare un esempio si osservi il complemento a due del numero :

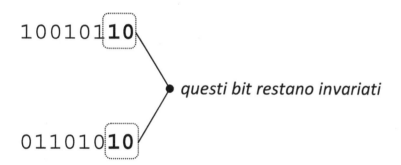

10010110

questi bit restano invariati

01101010

Partendo dallo stato iniziale 0 si deve innanzitutto raggiungere
l'ultimo 1 presente a destra ma per farlo bisogna controllare il contenuto
di tutte le celle finché non si arriva ad una cella vuota.

(0, 01, 0, 01, >)
(0, - , R, -, <)

La seconda regola impone che, una volta trovata la cella vuota, si
torni indietro fino a trovare la cifra 1 più a destra. Se tale cifra non dovesse

esistere (sequenza di soli zeri) la computazione termina e il numero binario rimane inalterato.

Supponiamo di chiamare R lo stato della MdT in fase di ricerca.

(R, 0, R, 0, <)
(R, -, FINE, -, -)

Se invece si trova una cifra 1, allora si inizia a complementare a ritroso, trasformando gli 0 in 1 e gli 1 in 0. La computazione termina quando si trova una cella vuota.

Sia T lo stato durante queste trasformazioni; le tre regole necessarie sono:

(R, 1, T, 1, <)
(T, 10, T, 01, <)
(T, -, FINE, -, -)

L'insieme completo delle regole che risolvono la complementazione a 2 di un numero binario è:

(0, 01, 0, 01, >)
(0, - , R, -, <)
(R, 0, R, 0, <)
(R, -, FINE, -, -)
(R, 1, T, 1, <)
(T, 10, T, 01, <)
(T, -, FINE, -, -)

Problema 19

Si scriva e si verifichi una MdT che, data in ingresso una sequenza di simboli 'A' sostituisca quelli di posto dispari con i simboli 'B' (la posizione 0 viene considerata pari).

Soluzione (cenni)

La testina deve sapere se si trova in posizione pari o dispari, quindi prevediamo due stati 0=pari, 1=dispari per rappresentare tali posizioni.

Si parte dalla prima cella non vuota che per convenzione sarà considerata in posizione 0 (quindi stato pari).

Si analizzi la soluzione fornita e si cerchi di capire come funziona.

(0, A, 1, A, >)
(1, A, 0, B, >)
(0, -, FINE, -, -)
(1, -, FINE, -, -)

Osservazione

Un modo equivalente per indicare un insieme di regole, è quello di utilizzare una tabella. Il precedente insieme può allora essere riscritto come:

0	A	1	A	>
1	A	0	B	>
0	-	FINE	-	-
1	-	FINE	-	-

Problema 20

Si scriva e si verifichi una MdT che, dati in ingresso una sequenza di n simboli '*', con n > 0, scriva nella porzione di uscita nel nastro un numero (n div 2) di simboli '*', dove l'operatore *div* rappresenta la divisione intera.

Soluzione

Come si sa, la divisione intera restituisce la sola parte intera del risultato, scartando la parte decimale.

Ad esempio:

- 5 div 2 = 2;
- 7 div 8 = 0
- 4 div 3 = 1

Una strategia risolutiva per il problema precedente potrebbe essere quella di fare avanzare la testina in modo da verificare quale delle due possibilità si verifica, ovvero:

a. Se il nastro contiene un solo carattere '*' allora la MdT lo cancella e si ferma (infatti 1 div 2 = 0) in quanto in uscita non deve scrivere nessun asterisco.

b. Se il nastro contiene almeno due caratteri '*', la MdT li cancella entrambi e scrive un carattere '*' nella porzione di nastro dedicata all'uscita che inizia dopo la prima cella vuota a destra della sequenza.

I passi che realizzano questo comportamento sono i seguenti.

1. (0, *, 1, -, >)
2. (1, -, FINE, -, -)
3. (1, *, 2, -, >)
4. (2, *, 2, *, >)
5. (2, -, 3, -, >)
6. (3, *, 3, *, >)
7. (3, -, 4, *, <)
8. (4, *, 4, *, <)
9. (4, -, 5, -, <)
10. (5, *, 5, *, <)
11. (5, -, 0, -, >)

Il significato delle regole scritte sopra è il seguente:

1. partendo dallo stato iniziale 0 viene letto il primo simbolo il quale deve necessariamente esistere (n>0). Ora si passa allo stato 1 (ricerca del secondo simbolo) e si va avanti di una casella.

2. Se il secondo simbolo non esiste (nella cella si trova "-") significa che la sequenza attuale contiene un solo simbolo '*' perciò la divisione intera 1 div 2 deve restituire 0 (nessun simbolo in output). In questo caso la computazione termina.

3. Viceversa, partendo sempre dallo stato 1 viene rilevato il secondo '*'. In questo caso il simbolo viene cancellato e si passa allo stato 2 che rappresenta lo stato di ricerca della prima cella libera dopo la sequenza di ingresso.

4. Fintanto che non si trova tale cella (vuota), lo stato rimane invariato (2) e la testina avanza nel nastro.

5. Quando si trova la prima cella libera a destra della sequenza si passa allo stato 3 che serve per cercare la prossima cella libera situata alla fine della eventuale sequenza di uscita.

6. Fintanto che non si trova questa cella si rimane nello stato 3 e la testina avanza di una cella verso destra.

7. Quando si trova la cella libera a destra della sequenza di output, si aggiunge un simbolo '*' a tale sequenza, si passa allo stato 4 il quale serve per trovare la cella libera che si trova tra la sequenza di input e quella di output, e si sposta a sinistra la testina.

8. Fintanto che non si trova questa cella libera si rimane nello stesso stato e si sposta a sinistra la testina.

9. Quando si trova questa cella libera si passa allo stato 5 che serve per trovare la prima cella libera a sinistra della sequenza di input, e si sposta a sinistra la testina.

10. Fintanto che non si trova questa cella libera, lo stato rimane il 5 e si sposta a sinistra la testina.

11. Quando si trova la prima cella vuota si passa allo stato iniziale 0, e si sposta la testina di una cella in avanti. Da qui in poi il procedimento può essere ripetuto fino a far transire la macchina allo stato FINE.

Esercizi

Progetta le regole per le MdT che risolvono i seguenti problemi

1. Date due sequenze n1, n2 di caratteri '*', separate da una cella vuota, calcola n1 div n2.

2. Dato un nastro iniziale contenente la rappresentazione decimale di un numero intero positivo k, termina la sua esecuzione lasciando sul nastro la sola sequenza SI se k è un numero pari, la sola sequenza NO altrimenti.

3. Dato un nastro iniziale contenente una sequenza di simboli "A" e "B", termina la sua esecuzione lasciando sul nastro la sola sequenza SI se la sequenza iniziale contiene la sottosequenza ABA, la sola sequenza NO altrimenti.

4. Dato un nastro iniziale contenente un numero intero *n* compreso tra 1 e 9, termina la sua esecuzione lasciando sul nastro n simboli "A" consecutivi.

Altri esercizi sono presenti al seguente link:
http://mdt.di.unipi.it/TestiGara/IndiceTesti.aspx

6.5   Notazione compatta per la MdT

Allo scopo di ridurre il numero di formule necessarie per la definizione di una particolare MdT, il simulatore utilizzato nella gara nazionale accetta anche una notazione compatta.

Questa notazione permette la scrittura di programmi complessi utilizzando decisamente meno formule.

Per descrivere la notazione compatta è necessario conoscere i simboli dell'alfabeto utilizzato nella MdT.   La seguente tabella contiene tutti e solo i simboli utilizzabili.

Il primo simbolo dell'alfabeto è lo spazio (blank) da non confondere con la cella vuota, indicata invece col simbolo '-'

	!	"	#	$	%	&	'	(	)	*	+	,	_	.	/	0	1	2	3
4	5	6	7	8	9	:	;	<	=	>	?	@	A	B	C	D	E	F	G
H	I	J	K	L	M	N	O	P	Q	R	S	T	U	V	W	X	Y	Z	[
\	]	^	-	{	|	}													

Il carattere speciale '\' indica il fatto che qualunque altro simbolo sia presente immediatamente a destra, deve essere considerato per quello che è, e non ha altri significati semantici.

Ad esempio, se volessi considerare proprio il simbolo '\' dovrei scriverlo dopo un altro simbolo '\', ovvero: \\.

Allo stesso modo se volessi rappresentare il simbolo parentesi quadra aperta, senza indicare il fatto che sta iniziando una sequenza, dovrei scrivere: \[.

Il carattere '^' (accento circonflesso) denota tutto ciò che non è indicato nella regola dove compare (rappresenta il complementare).

La sequenza di esempio:

[^AEIOU]

rappresenta tutti i simboli dell'alfabeto della MdT, escluse le vocali.

La seguente tabella mostra con degli esempi il significato di alcune rappresentazioni compatte.

Abbreviazione	Sequenza di simboli corrispondente
[abc]	{a, b, c}
[0..9]	{ 0, 1, 2, 3, 4, 5, 6, 7, 8, 9 }
[^aeiou]	qualunque simbolo tranne le vocali, nell'ordine naturale
[\[\]()]	{ [,], (,) }
[^+\-*/0..9]	qualunque simbolo tranne le cifre e i simboli delle quattro operazioni: +, -, *, /, nell'ordine naturale
[0..9a..f+\-]	{ 0, 1, 2, 3, 4, 5, 6, 7, 8, 9, a, b, c, d, e, f, +, - } (cifre esadecimali con segno)

La compattazione delle regole può essere utilizzata nei seguenti contesti:

- per indicare uno stato iniziale o finale. Per esempio, lo stato indicato in maniera abbreviata con: letto[0..9]r viene espanso nella sequenza di stati: {letto0r, letto1r, letto2r, letto3r, letto4r, letto5r, letto6r, letto7r, letto8r, letto9r }.

- per indicare un simbolo letto o da scrivere. Per esempio, [0..9] viene espanso nella lista di simboli { 0, 1, 2, 3, 4, 5, 6, 7, 8, 9 } (analogamente a quanto possibile con la precedente notazione 0123456789, che comunque rimane disponibile).

- per indicare una direzione di movimento, nel qual caso tra le parentesi quadre deve esserci una sequenza composta esclusivamente di simboli > e <. Per esempio, [>>><] viene espanso nella lista di direzioni { >, >, >, < }.

Numerosi altri esempi di applicazione della notazione compatta per la formulazione di regole delle MdT sono reperibili in rete all'indirizzo:

http://mdt.di.unipi.it/Documentazione/Estensioni2006.aspx

I testi relativi agli esercizi delle passate edizioni della *"Gara nazionale di programmazione della Macchina di Turing"*, sono reperibili al seguente indirizzo:

http://mdt.di.unipi.it/TestiGara/IndiceTesti.aspx

Un mini-corso relativo alle macchine di Turing è presente qui:

http://mdt.di.unipi.it/Documentazione/MiniCorso.aspx

Allo stesso indirizzo, seguendo il link *"Scarica l'ultima versione"*, si trova invece un simulatore che funziona anche off-line.

7. Introduzione alla programmazione

La fase della programmazione è quella attraverso la quale un algoritmo diventa un vero programma, eseguibile da un esecutore automatico sequenziale[5]: il calcolatore elettronico.

Il calcolatore elettronico è composto da numerosi dispositivi i quali eseguono elaborazioni e scambi esclusivamente attraverso segnali elettrici:

1=presenza segnale, 0=assenza segnale.

Un programma, per essere eseguibile, deve essere scritto esclusivamente sotto forma di una sequenza di uno e di zero. Sfortunatamente, quello che è "naturale" per i microprocessori, è piuttosto complicato per l'uomo. Questo fatto può essere capito facilmente se si pensa che un programma per PC (nemmeno troppo complesso) corrisponde a sequenze lunghissime (milioni o miliardi di ripetizioni) di uno e zero.

Per questo motivo sono stati realizzati dei linguaggi di programmazione che si collocano a metà strada tra il linguaggio dell'uomo e quello della macchina, e permettono di scrivere istruzioni e programmi senza la necessità di dover operare a livello macchina in termini di uno e zero.

In altre parole un linguaggio di programmazione è un idioma adatto ad essere imparato e compreso dall'uomo, e allo stesso tempo si presta facilmente ad una traduzione automatica in linguaggio macchina (uno e zero). Il modo in cui il programma scritto dall'uomo (che si chiama codice sorgente) viene tradotto nel linguaggio macchina (che si chiama codice oggetto) determina la tipologia del linguaggio stesso. Questi aspetti saranno trattati nel capitolo "Compilatori, interpreti e tecniche miste".

---

[5] In realtà i moderni calcolatori dispongono di processori multi-core che consentono di eseguire elaborazioni parallele ottimizzate.

7.1   Gli strumenti di sviluppo

Esistono numerosi ambienti di sviluppo attraverso i quali è possibile scrivere programmi in qualunque linguaggio di programmazione. Un buon ambiente di sviluppo deve contenere almeno i seguenti componenti:

- Linguaggio di programmazione (compilatore o interprete)
- Strumento di ricerca degli errori (debugger)
- Editor di testo con funzionalità di "syntax highlighting", ovvero la caratteristica di visualizzare un testo con differenti colori e font in base a particolari regole sintattiche[6].

Per gli scopi del presente testo si utilizzeranno i linguaggi di programmazione C/C++. Questi due linguaggi differiscono soprattutto per il paradigma[7] di programmazione che utilizzano ma sono quasi coincidenti per quanto riguarda la loro sintassi.

7.1.1 Il compilatore DevC++

Il C/C++ è un linguaggio, ma sarebbe meglio dire una famiglia di linguaggi, per i quali esistono numerosi ambienti di sviluppo che se anche molto simili presentano gli strumenti in modo differente. La scelta di utilizzare il DevC++ è giustificata dalla semplicità e leggerezza del programma oltre che dal fatto che questo ambiente è quello scelto dal comitato organizzatore delle **"olimpiadi dell'informatica"** per lo svolgimento delle competizioni territoriali, nazionali e internazionali.

7.1.2 Scaricare i pacchetti di installazione

Il pacchetto di installazione di DevC++ può essere reperito dal seguente link:

http://www.olimpiadi-informatica.it/

---

[6] La sintassi di un linguaggio di programmazione è l'insieme delle regole che il codice sorgente di un programma deve rispettare per essere considerato conforme (corretto grammaticalmente) a quel linguaggio.

[7] Stile fondamentale di programmazione caratterizzato dagli strumenti concettuali che il programmatore decide di utilizzare nella scrittura del codice sorgente.

Cliccando sul collegamento si arriva alla homepage del sito delle olimpiadi dell'informatica. Per scaricare il software si deve andare nella sezione *documentazione -> software,* come mostrato nella figura sotto.

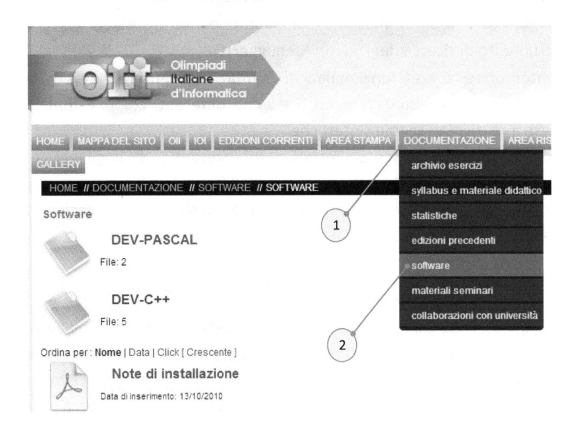

Si deve ora scegliere il link DEV-C++ il quale porterà alla pagina di scaricamento. Dalla pagina (mostrata sotto) si deve cliccare sulla versione del programma da scaricare.

In questo testo si utilizza la versione 4.01 che si ottiene installando la versione 4.0 e l'aggiornamento DEV-C++ 4.0 update, la quale richiede veramente risorse minime per la sua installazione/esecuzione.

Gli altri file da scaricare sono il *Debugger* e il file *Default (Dev-C++).*

7.1.3 Procedura di installazione

L'installazione dell'ambiente richiede pochi passaggi necessari a riprodurre esattamente lo stesso setup utilizzato nelle competizioni delle olimpiadi di informatica.

Il primo passo è quello di decomprimere le cartelle compresse utilizzando un software di decompattazione come winzip. Il secondo passaggio è quello di lanciare in esecuzione il file *"SETUP.EXE"* contenuto dentro la cartella *"devcpp4"*, accettando tutte le opzioni consigliate.

Alla fine del processo ci sarà una cartella *"Dev-C++"* come sottocartella di *"C:>"*.

7.1.3.1 Aggiornamento alla versione 4.01

Per aggiornare l'ambiente alla versione 4.01 è sufficiente sostituire il file "DevCpp.exe" contenuto nella directory di installazione del Dev-C++ (ad esempio "C:\Dev-C++") con il file "DevCpp.exe" contenuto dentro la cartella devcpp401.zip, dopo averla correttamente decompattata.

7.1.3.2 Installazione del debugger

Il debugger è un importante strumento ausiliario che serve per aiutare il programmatore ad analizzare il codice sorgente allo scopo di rilevare eventuali errori. Attraverso l'uso del debugger è possibile ad esempio sospendere l'esecuzione del programma e analizzarne lo stato (ovvero i valori di tutte le sue variabili attive[8]). Allo stesso modo si possono indagare numerosi altri aspetti relativi al programma. Per installare il debugger è sufficiente seguire la seguente procedura (dopo aver decompresso la cartella insight5_win32.zip):

1. si esegua una copia della cartella "share" del debugger, e la si incolli all'interno della directory di installazione del Dev-C++ (ad esempio "C:\Dev-C++");
2. si selezionino **i file contenuti** nella sottocartella "bin" presente nella cartella insight5_win32 e dopo averli copiati, si incollino nella sottocartella "bin" della directory di installazione del Dev-C++ (ad esempio C:\Dev-C++\bin), sovrascrivendo eventuali altri file con lo stesso nome.

---

[8] Variabili che sono definite nell'ambiente in esame o in ambienti superiori ad esso. Il concetto preciso di ambiente sarà definito meglio in seguito.

7.1.3.3 Impostazione del setup di gara

Come discusso in precedenza si deve ora impostare lo strumento di sviluppo esattamente come lo si troverà nelle sedi di gara delle olimpiadi di informatica. Questo passaggio comporta la sostituzione del file di modello iniziale in modo che l'ambiente si apra già predisposto alla scrittura del codice. Per eseguire questa configurazione è sufficiente rinominare il file "Default_c++.txt" che abbiamo scaricato dal sito e chiamarlo "Default.txt". Ora si deve copiare questo file rinominato e sostituirlo al file "Default.txt" presente nella cartella "bin" della directory di installazione del Dev-C++ (ad esempio C:\Dev-C++\bin). Questo passaggio completa la procedura di installazione.

7.1.4 Apertura dell'IDE[9]

Per avviare Dev-C++ è necessario cliccare sull'icona di avvio presente dentro la cartella di installazione[10], come mostrato nella figura che segue.

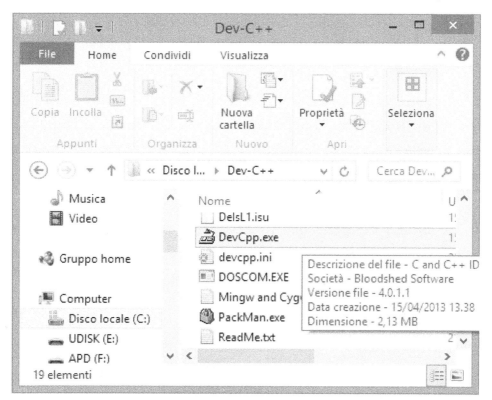

---

[9] **Integrated Development Environment**. È un pool di programmi atti a facilitare lo sviluppo di software
[10] Per maggiore comodità si consiglia di creare un collegamento al file eseguibile sul desktop.

Quando si apre l'IDE si deve cliccare sul menù "File" e da questo si dovrà scegliere la voce "New Source file"...

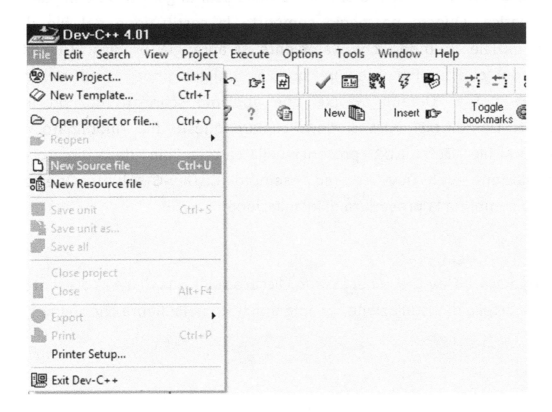

Alla precedente azione corrisponde l'apertura dell'editor del codice sorgente con le importazioni delle librerie[11] standard che servono per includere nel sistema le funzionalità di base.

Come si può notare nella figura mostrata sotto, l'ambiente crea le prime righe di codice relative al "telaio" dell'applicativo e che sono necessarie in ogni programma.

Adesso è importante impostare alcuni parametri per i debugging[12].

---

[11] L'uso delle librerie esterne sarà discusso nel seguito
[12] Attività di messa a punto e ricerca degli errori di un programma

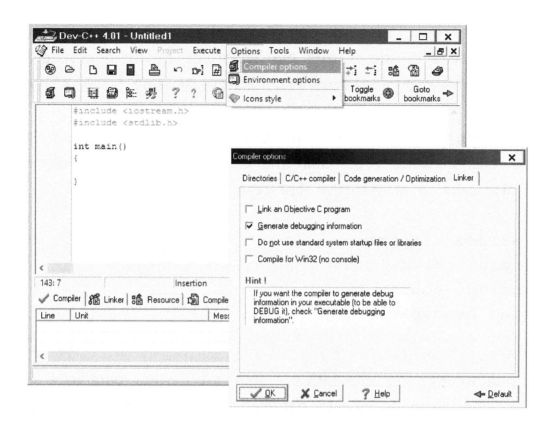

Cliccando sulla voce *"Compiler options"* relativa al menù *"Options"*, e scegliendo la scheda *"Linker"*, si possono includere o escludere le informazioni aggiuntive di debugging selezionando o deselezionando la casella *"Generate debugging information"*.

Importante:
l'aggiunta di informazioni di debugging rende il programma più grande in termini di occupazione di memoria (sorgente più pesante), dunque è necessario ricordarsi di deselezionare la relativa casella al termine dello sviluppo, a maggior ragione durante le olimpiadi di informatica, nelle quali viene valutata anche la dimensione del programma.

7.1.5 *Versioni più aggiornate*

Se l'occupazione di memoria non è un problema si può decidere di installare le versioni di compilatore più aggiornate (al momento della stesura del presente capitolo si trova il compilatore Dev-Cpp_5.5.3 32 bit e 64 bit).

Se si decide di installare una di queste due versioni non è necessario modificare le configurazioni per adattarle a quelle di gara ma bisogna ricordarsi di inserire queste direttive al precompilatore:

```
#include <iostream>
#include <stdlib.h>
#include <conio.h>
using namespace std;
```

7.2 La programmazione imperativa

La programmazione imperativa è uno tra i primi paradigmi di programmazione. Secondo questo paradigma ogni programma è una sequenza di comandi o istruzioni, ciascuna delle quali è formulata come un "ordine" che viene impartito alla macchina. Le istruzioni dunque sono del tipo: esegui, stampa, aspetta, incrementa, ripeti, etc..

Per mantenere ordinato il codice sorgente[13] esiste la possibilità di raggruppare in particolari blocchi alcune porzioni di programma, così da creare dei sottoprogrammi da utilizzare ogni volta che occorrono.

Questi sottoprogrammi, che devono avere un nome univoco, possono accettare valori in ingresso e restituire valori in uscita.

Ad esempio potrebbe essere utile un modulo di programma che calcola la media tra tre numeri, uno che calcola il massimo, e uno che calcola il minimo, così da poter usare queste funzionalità ogni volta che occorrono, senza dover riscrivere lo stesso codice ogni volta.

In questo caso si rivelerà utile l'uso di queste tecniche di raggruppamento così da ottenere un programma ordinato e modulare. Ogni sottoprogramma vorrà sapere solo su quali valori effettuare le

---

[13] Il codice sorgente è il programma che scrive il programmatore utilizzando un certo linguaggio di programmazione.

operazioni (media, massimo o minimo) e, in conclusione, restituirà il risultato.

7.3   Dal diagramma al programma strutturato

Una funzione è un sottoprogramma che può accettare dei valori in ingresso (attraverso la specificazione di opportuni parametri di ingresso), esegue la sua elaborazione e restituisce un valore in uscita.

Durante tutte le fasi del calcolo ci sarà bisogno di opportuni spazi di memoria da usare come contenitori temporanei di valori, che saranno utilizzati per memorizzare i valori parziali durante i calcoli. Questi spazi di memoria, ai quali sarà associato un nome (o identificatore) prendono il nome di **variabili**.

Per costruire una variabile con un linguaggio di programmazione è necessario innanzitutto definirne il tipo.

Il tipo di una variabile determinerà il tipo di valori che vi si potranno memorizzare: numeri se la variabile è di tipo numerico, caratteri, booleani, etc., negli altri casi. I principali tipi di variabili in C++ sono:

- int   (valori interi rappresentati con n bit)
- long   (valori interi rappresentati con 2n bit)
- float   (valori reali in virgola mobile con n bit)
- double   (valori reali in virgola mobile con 2n bit)
- bool   (valori di verità *false, true*)[14]
- char   (caratteri singoli)
- string   (più caratteri concatenati)[15]

Dopo aver esplicitato il tipo della variabile è necessario indicarne un nome, ad es:

int x;

---

[14] In realtà in C++ si possono usare anche valori numerici al posto dei booleani: 0=false, ogni altro numero=true.
[15] Il tipo *string* non è nativo del C/C++ ma può essere utilizzato in C++ mediante l'importazione della libreria string.

La precedente istruzione costruisce un contenitore di memoria capace di memorizzare numeri interi, e lo chiama x.

Dopo aver costruito una variabile ci si può scrivere qualcosa all'interno, ad es:

x=123;

Da questo momento in poi, nella memoria del calcolatore, in qualche posto riservato al programma che si sta scrivendo, ci sarà uno spazio chiamato x che contiene il valore 123.

La prima istruzione si chiama **dichiarazione di variabile**, la seconda istruzione prende il nome di **assegnazione di un valore ad una variabile**.

Una variabile alla quale non è ancora stato assegnato un valore si dice **non inizializzata**.

Se, ad esempio, si volesse utilizzare la funzione **max3** (che non abbiamo ancora definito ma che sarà in grado di calcolare il massimo tra 3 numeri), per scrivere dentro la variabile x il risultato della ricerca del massimo tra i valori:

11, 21, 3

si dovrebbe scrivere (dopo la dichiarazione della variabile):

x=$max3(11,21,3)$**;**

Ovviamente max3 deve essere già stata definita e il risultato in questo caso sarebbe quello di scrivere il valore 21 dentro la variabile x.

Allo stesso modo funzionano le procedure, con la differenza che queste eseguono qualcosa ma non restituiscono valori in uscita.

Adesso si vedrà, con l'aiuto di un esempio, cosa si deve scrivere per costruire la funzione max3.

Innanzitutto si deve scrivere il tipo del valore restituito dalla funzione. Nel caso del calcolo del massimo tra valori interi, il risultato sarà necessariamente un valore intero (int). Successivamente, come nel caso della variabile, si deve specificare il nome che, come detto, sarà proprio max3[16]. Dopo il nome si indicano i tipi e i nomi dei parametri di ingresso, racchiudendoli tra parentesi tonde. Successivamente, tra una coppia di parentesi graffe, si scrive il corpo della funzione che è esattamente l'elenco delle istruzioni che essa dovrà eseguire.

```
int max3(int n1, int n2, int n3)
{
    ... corpo della funzione
}
```

Il corpo di una funzione termina necessariamente con l'istruzione return... che serve per restituire il risultato.

Ad esempio, si supponga di scrivere la funzione *max3* in questo modo:

```
int max3(int n1, int n2, int n3)
{
    return n1;
}
```

In questo caso *max3* non trova il massimo tra tutti i numeri passati in ingresso ma restituisce sempre e comunque il primo della lista (return n1).

Per calcolare davvero il massimo valore contenuto nei parametri di ingresso è necessario eseguire dei confronti e delle elaborazioni.

Graficamente si può utilizzare il formalismo dei diagrammi di flusso, così da progettare la soluzione prima di cercare di scriverla nel linguaggio vero e proprio.

---

[16] Una funzione può avere qualunque nome che inizi con un carattere e che non contenga simboli speciali. Non si possono inoltre utilizzare le parole predefinite del linguaggio.

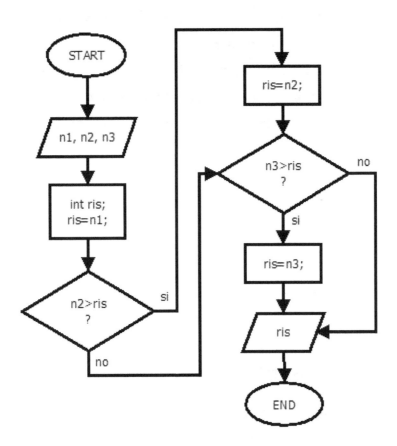

Il diagramma di flusso relativo alla funzione max3 inizia specificando i parametri di input all'interno del simbolo del parallelogramma.

La seconda operazione è quella di costruire (dichiarare) la variabile *ris* dentro la quale sarà memorizzato il risultato (parziale e finale).

Scriviamo dentro la variabile *ris* il contenuto del parametro *n1*. Questo passo serve per iniziare a confrontare i valori tra loro.

Seguendo il diagramma si effettua un primo confronto: *n2* è maggiore di *ris* (dunque di *n1*)? In caso affermativo si scriverà il valore di *n2* dentro la variabile *ris*, che in caso contrario manterrà il valore di *n1*.

Comunque si proceda si arriva ad un altro rombo di selezione dove ci si chiede se *n3* sia più grande del valore attuale di *ris* (ovvero del più grande tra *n1* e *n2*). Se la risposta è affermativa allora si scrive dentro la variabile *ris* il valore di *n3*, altrimenti *ris* conterrà uno dei due valori visti in precedenza. Alla fine dell'algoritmo, *ris* conterrà comunque il valore più grande tra quelli dei tre parametri in ingresso, e tale valore sarà restituito dalla funzione max3.

Il listato che segue è la traduzione in codice sorgente C++ del diagramma di flusso appena visto.

```cpp
int max3(int n1, int n2, int n3)
{
    //corpo della funzione
    int ris; //dichiarazione variabile
    ris=n1; //assegnamento del valore
    if(n2>ris) //se n2>ris…
        ris=n2;
    if(n3>ris) // se n3>ris…
        ris=n3;

    return ris;
}
```

Ciò che compare a destra dei simboli "//" è da considerarsi come un commento per il programmatore. Il calcolatore ignora tali frasi e non le prende in considerazione ai fini della computazione.

Come si vede la funzione *max3* è dichiarata di tipo int, ovvero alla fine della sua computazione restituirà un tipo intero. Questa funzione, per poter essere richiamata, necessità di tre valori interi, i quali andranno a finire dentro le locazioni di memoria identificate dai parametri di ingresso *n1, n2, n3*.

L'istruzione:

```cpp
int ris;
```
serve per dichiarare una variabile chiamata *ris* che potrà contenere valori di tipo intero (numeri positivi o negativi, senza virgola).
L'istruzione:

```
ris=n1;  (da leggersi: ris prende n1)
```

consente di copiare il contenuto del parametro di ingresso n1, dentro lo spazio di memoria che abbiamo chiamato *ris*.

Le istruzioni di selezione:

```
if(n2>ris)  //se n2>ris allora scrivo il contenuto di n2 dentro ris
    ris=n2;
```

```
if(n3>ris)  //se n3>ris allora scrivo il contenuto di n3 dentro ris
    ris=n3;
```

verificano se è vero che n2 > ris; in tal caso si assegna a ris il valore di n2; in successione si verifica se sia n3 ad essere maggiore di ris: in caso affermativo ris prenderà il valore di n3 (che nell'esempio abbiamo visto essere il valore maggiore), in caso contrario ris non cambia.

Saranno ora analizzati meglio i costrutti di base della programmazione nel linguaggio C/C++.

7.3.1 Le espressioni

Una espressione è una porzione di codice che restituisce un valore di un determinato tipo.

Essa può essere una costante letterale o simbolica di un certo tipo, una combinazione di costanti attraverso operatori permessi per quel particolare tipo, una variabile, una combinazione di variabili attraverso operatori consentiti dal tipo delle variabili, una combinazione tra costanti simboliche, letterali e variabili, una o più chiamate a sottoprogrammi che restituiscono a loro volta dei valori, una combinazione di tutto ciò.

Per quanto appena detto sono espressioni:

- la costante simbolica 45;
- 45+121;
- x; (dove x è una variabile intera precedentemente dichiarata)

- `x+50;`
- `x+2*x+66;`
- `x+max3(12,15,77)+21;`
- etc..

7.3.2 Selezione semplice

Quando il programma si trova davanti ad un possibile bivio e si deve pilotare la direzione di flusso in base al verificarsi o meno di un determinato evento, è utile fare ricorso al costrutto di **selezione semplice**.

La sua sintassi, come già visto nell'esempio sopra, è la seguente:

if (<espressione booleana>)
    <sequenza istruzioni>
else
    <sequenza istruzioni alternative>

Nel descrivere la sintassi del linguaggio si userà la seguente convenzione:

- le parentesi angolari (<...>) conterranno i meta-termini che dovranno essere sostituiti con le istruzioni che implementano il loro significato; nell'esempio precedente, la prima istruzione dovrebbe diventare simile a questa: `if(n3>ris)` dove `(n3>ris)` è una espressione booleana che può valere `true` o `false`.
- La sequenza istruzioni può essere:
  1. una istruzione vuota (nessuna istruzione);
  2. una singola istruzione (che deve terminare col carattere ";")
  3. un certo numero di istruzioni che terminano con il carattere ";", racchiuse dentro una coppia di parentesi graffe;
- la coppia di parentesi quadre rappresenta l'opzionalità di quello che racchiude. Nell'esempio precedente il ramo **else** potrebbe anche non esserci. Si presti attenzione al fatto che il confronto di uguaglianza in C/C++ si esegue usando il doppio segno uguale (==).

7.3.3 L'assegnamento

Quando si vuole scrivere dentro una variabile si utilizza il simbolo "=" (da leggersi "prende"). Ad esempio l'istruzione:

```
x=10;
```

(da leggersi "x prende 10") scrive il valore costante 10 dentro una locazione di memoria identificata da x.

Nell'assegnamento si chiama L-value (left-value) tutto ciò che si trova a sinistra del simbolo "=", R-value (right-value) tutto ciò che si trova a destra.

Importante:

L-value = R-value
L-value deve sempre identificare un'area di memoria, una scatola dove poter salvare un contenuto (come una variabile), R-value invece deve sempre essere una espressione, ovvero qualcosa che valutata nell'ambiente del programma restituisca sempre un valore (il contenuto da salvare).

Dalla precedente osservazione si comprende come l'assegnamento:

```
15 = x;
```

sia sintatticamente (oltre che semanticamente) errato.

7.3.4 I comandi iterativi

È noto che uno dei grandi punti di forza del calcolatore elettronico è la sua capacità di eseguire miliardi di istruzioni al secondo. Questa capacità può essere sfruttata in modo ottimale nei compiti ripetitivi per i quali sia richiesta l'esecuzione ciclica di una qualche sequenza di istruzioni. Nel C/C++ esistono tre tipi di comando iterativo la cui sintassi è indicata sotto.

while (<espressione booleana (o guardia)>**)**
    <sequenza istruzioni>

da interpretarsi nel seguente modo:
il while esamina il valore della guardia: fintanto che la guardia continua ad avere il valore *vero (true),* allora continua ad eseguire la sequenza di istruzioni. Quando la guardia diventa falsa si salta alla successiva istruzione presente dopo la sequenza.

Ad esempio il seguente segmento di programma:

```
int i=0; int x=1;
while (i<10)
{
    x=x*2;
    i++;
}
```

inizia col valutare la guardia del while. Dal momento che i vale 0 dunque è vero che i è minore di 10, allora esegue le istruzioni racchiuse tra le parentesi graffe; la prima istruzione scrive dentro la variabile x (L-value) il valore dell'espressione x*2 (R-value), ovvero dentro x ci andrà scritto il vecchio valore moltiplicato per 2, ovvero 2;
L'istruzione di incremento unitario *i++;* incrementa i di una unità. Questa istruzione è aritmeticamente equivalente a *i=i+1;* con il significato di scrivere dentro la variabile i il suo vecchio valore sommato ad 1. Dal punto di vista computazionale invece è da preferirsi *i++;* ad *i=i+1;* in quanto è

ottimizzata in modo migliore e viene eseguita in un tempo minore (si osservi che si tratta di differenze dell'ordine del decimo di miliardesimo di secondo).

Il precedente comando prende anche il nome comando di ciclo iterativo indeterminato pre-condizionale in quanto prima valuta la condizione e poi esegue la sequenza istruzioni.

7.3.5 Esecuzione e testing: la funzione main

Quando si scrive una funzione (o altre parti di un programma) è necessario eseguire dei test per verificare la loro correttezza.
Un vecchio detto recitava così:

<<*Tra il dire e il fare c'è di mezzo il mare!*>>

Il motivo della citazione precedente è che non si deve correre il rischio di sviluppare numerose righe di codice per poi rendersi conto di aver commesso un certo numero di errori, tali da rendere difficile il completamento del programma.

La modalità più corretta è quella di testare prima possibile le funzioni che si stanno sviluppando.

Si deve cioè mettere in pratica la metodologia di progettazione e sviluppo oramai consolidata nel mondo dell'ICT [17] , che prevede l'esecuzione dei seguenti test:

1) Test unitari
2) Test d'integrazione
3) Test di sistema
4) Test utente/Test accettazione

I test unitari devono essere effettuati per ogni nuova funzionalità che si scrive. In pratica devono essere progettati per testare la funzionalità,

---

[17] Information Computer Technology

sapendo in anticipo il risultato atteso e confrontandolo col risultato ottenuto. In caso di non congruenza il test dovrà stampare a monitor quale funzione e su quale caso si verifica l'errore.

Le altre tipologie di test saranno discusse in seguito.

Per poter mandare in esecuzione una funzione e per poter effettuare il test della stessa, si deve utilizzare un punto di ingresso dal quale far avviare la computazione. Negli ambienti C/C++ il punto di ingresso è il metodo **main,** ovvero una funzione che va in esecuzione per prima e permette l'avvio del resto del programma. Il metodo main non può mancare in un'applicazione console che deve funzionare in modalità stand-alone, ma può mancare in una libreria di funzioni che non devono andare in esecuzione autonomamente.

Si vedrà ora come scrivere il main e come avviare il test della funzione scritta in precedenza. Per fare questo si analizzi il seguente esempio.

```
// il mio primo programma in C++

#include <iostream.h>
#include <stdlib.h>
int main ()
{
  cout << "Salve gente!";
  return 0;
}
```

In questo programma, oltre al main, è contenuto del codice che chi si approccia alla programmazione scrive per iniziare a capirne il significato. Il risultato è quello di vedere la frase *"Salve gente"* sullo schermo. Nonostante sia uno dei più semplici programmi che si possano scrivere in C++, esso contiene le componenti principali necessarie in ogni programma. Analizzandole nel dettaglio:

```
// il mio primo programma in C++
```

È una riga di commento. Si ricorda che i commenti devono essere usati dal programmatore per includere nel codice del programma alcune brevi spiegazioni ed osservazioni.

```
#include <iostream.h>

#include <stdlib.h>
```

Le istruzioni che iniziano con il simbolo cancelletto (#) sono direttive per il preprocessore[18] del compilatore. Nel precedente programma la direttiva #include <iostream.h> dice al preprocessore del compilatore di includere il file della libreria standard iostream.h necessaria per le operazioni di input/output. Stdlib.h è invece la libreria standard di utilità generale: allocazione della memoria, controllo dei processi, e altre funzioni generali comprendenti anche i tipi di dato.

```
int main ()
```

Questa dichiarazione della funzione main. La funzione main, come già discusso, è il punto da cui inizia l'esecuzione di un qualsiasi programma C++. È irrilevante la posizione del programma in cui compare tale funzione, essa è sempre la prima ad essere eseguita.

Come tutte le funzioni, Il main ha una intestazione e un corpo contenuto all'interno di una coppia di parentesi graffe {}.

```
cout << "Salve gente";
```

Questa istruzione esegue un output a video del testo Salve gente. Si ricorda che per poter utilizzare la keyword cout è necessario aver incluso il file iostream.h attraverso la direttiva #include.
Il punto e virgola serve per indicare la fine di un'istruzione.

```
return 0;
```

---

[18] Il preprocessore è un programma che viene attivato dal compilatore nella fase precedente alla compilazione. Esso legge un sorgente C e produce in output un altro sorgente C, dopo avere espanso in linea le macro, incluso i file e valutato le compilazioni condizionali o eseguito altre direttive.

L'istruzione return fa terminare la funzione main() e restituisce il valore indicato di seguito (in questo caso 0).

Nello stile di programmazione del C, "returnare" 0 significa comunicare il fatto che un programma è terminato senza errori.

7.3.5.1 Richiamare funzioni nel main

Partendo dall'esempio appena visto si può descrivere come testare e utilizzare la funzione max3 all'interno di un vero programma.

Il test prevede che si aggiungano delle righe di codice per richiamare la funzione cercando di farla "lavorare" con tutte le tipologie di valori possibili. Solo se il risultato non è quello atteso si dovranno stampare degli output a video con la descrizione dell'inconsistenza rilevata.

Il punto dove richiamare la funzione è ovviamente il main. Dentro il main si dovranno costruire le varie prove che, una volta effettuato il test, dovranno essere opportunamente commentate.

Un possibile programma di test è il seguente (necessaria anche max3)

```
// Dichiarazione e prova di funzioni in C++

#include <iostream.h>
#include <stdlib.h>

int max3(int n1, int n2, int n3)
{
    //corpo della funzione
    int ris; //dichiarazione variabile
    ris=n1; //assegnamento del valore
    if(n2>ris) //se n2>ris…
        ris=n2;
    if(n3>ris) // se n3>ris…
        ris=n3;
    return ris;
}
```

```cpp
int main ()
{
   int a,b,c,d;//dichiaro 4 variabili intere

   cout << "***********INIZIO TEST*********" << endl;

   //prima prova: valori uguali
   a=50;
   b=50;
   c=50;
   d=max3(a,b,c); //ora d contiene il max
   if(d!=50)
      cout << "Malfunzionamento nel caso di valori
      uguali. La funzione max3 restituisce " << d;

   //prova2: a>b e a>c
   a=130;
   b=120;
   c=110;
   d=max3(a,b,c); //ora d contiene il max
   if(d!=130)
      cout << "Malfunzionamento nel caso in cui a è il
      max. La funzione max3 restituisce " << d;

   //prova3: b>a e b>c ...
   //prova...: a e b negativi, c positivo
   //prova...: a e b uguali a 0, c negativo
   //...
   cout << "***********FINE TEST*********" << endl;

   system("pause"); //sospende l'elaborazione
   return 0;
}
```

7.3.5.2 *Come eseguire un programma*

Quando il programmatore scrive un programma, viene generato quello che si chiama codice sorgente. Il codice sorgente non è direttamente eseguibile in quanto è scritto utilizzando un linguaggio di programmazione, ovvero un linguaggio molto vicino ai linguaggi naturali dell'uomo. Per poter rendere eseguibile un codice sorgente lo si deve tradurre in codice oggetto formato esclusivamente da simboli 0 e 1. Questa trasformazione, nei linguaggi compilati come il C++, prende il nome di **compilazione**. La compilazione dunque è quel processo automatico che trasforma il codice sorgente (comprensibile all'uomo) in codice oggetto (comprensibile alla macchina). In questa fase sono analizzati i vari costrutti e vengono rilevati eventuali errori di sintassi. Se durante la compilazione si rileva un errore la compilazione non viene completata e il compilatore fornisce alcune informazioni che possono essere utili ad individuarlo. Solo dopo che il programmatore ha corretto l'errore si può riavviare la compilazione la quale riparte da capo e, se non vengono rilevati errori, viene completata in pochi secondi[19]. Nell'ambiente di sviluppo DevC++ la compilazione si avvia premendo la combinazione di tasti **Ctrl F9** oppure cliccando sull'apposita icona   .

Se la compilazione va a buon fine allora si può avviare l'esecuzione del programma, premendo il tasto **F9** o cliccando sull'icona accanto a quella della compilazione. Le illustrazioni che seguono mostrano rispettivamente il risultato dell'esecuzione del programma descritto precedentemente, e le possibili combinazioni di tasti supportate dal DevC++.

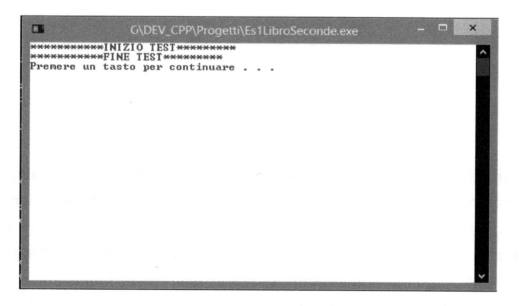

---

[19] In realtà la durata della fase di compilazione dipende dalla complessità del programma e può durare anche diversi minuti.

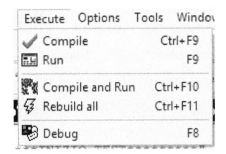

La pressione del tasto **F8** avvia la fase di debugging.

Il debugger, come già accennato, è un importante strumento ausiliario che serve per aiutare il programmatore ad analizzare il codice sorgente allo scopo di rilevare eventuali errori. Attraverso l'uso del debugger è possibile ad esempio sospendere l'esecuzione del programma, analizzare il contenuto delle variabili, seguire un ciclo etc. Allo stesso modo si possono indagare numerosi altri aspetti relativi al programma.

Importante:
Saper utilizzare al meglio gli strumenti di sviluppo aiuta il programmatore a concentrarsi esclusivamente sulla logica del programma che sta scrivendo, senza che il tempo perso per trovare quella o quell'altra funzionalità incida negativamente sul tempo complessivo di sviluppo. Per questo motivo è necessario esercitarsi costantemente, così da non avere più dubbi sulle funzionalità di base.

Ora che si hanno le idee più chiare sull'uso della funzione main, si aggiungeranno le righe di codice necessarie per richiamare correttamente la funzione max3. Il codice sarà spiegato dai relativi commenti. Si supponga che le clausole #include siano già presenti nel programma, così come la funzione max3, quindi non saranno ripetute. Allo stesso modo non sarà ripetuto il codice dei test funzionali discusso sopra.

```
int main ()
{
    int a,b,c,d;//dichiaro 4 variabili intere
    cout << "Inserisci il primo valore" << endl;
    cin >> a; //lettura del valore da tastiera (va in a)
    cout << "Inserisci il secondo valore" << endl;
    cin >> b; //lettura del valore da tastiera (va in b)
    cout << "Inserisci il terzo valore" << endl;
    cin >> c; //lettura del valore da tastiera (va in c)
    d=max3(a,b,c); //ora d contiene il massimo

    cout << "Il valore massimo:" << d << endl;

    system("pause"); //sospende l'elaborazione
    return 0; //indica la fine senza errori
}
```

I commenti contenuti nel codice lo rendono comprensibile e chiaro e allo stesso tempo descrivono le principali operazioni.

Analizzando il codice si vede, nella prima riga dentro la parentesi graffa aperta, la dichiarazione di 4 variabili di tipo int. La seconda riga serve per stampare a monitor la frase "Inserisci il primo valore".

L'istruzione cin >> a esegue una lettura di quello che l'utente inserirà da tastiera e, nell'esempio, ne conserva il valore dentro la variabile a. Il resto del programma esegue le stesse istruzioni già descritte, eccetto la riga d=max3(a,b,c) che richiama la funzione max3 passandogli i parametri a,b,c. Completando il programma con le direttive #include e con il codice della funzione max3, lo si può mandare in esecuzione (dopo averlo compilato) ottenendo l'output illustrato nella seguente figura.

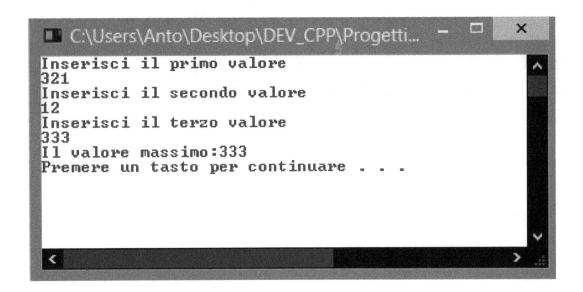

In C++ la separazione tra istruzioni è indicata dal punto e virgola (;) che termina ciascuna di esse. La suddivisione del programma in più righe serve a rendere il programma più leggibile alle persone che lo leggono, per il compilatore la cosa non fa' alcuna differenza.

Problema 21

Si scriva la funzione C++ *multiplo* che accetta in ingresso due valori interi e restituisce il valore di verità *true* se il primo è un multiplo intero del secondo, *false* altrimenti.

Soluzione

I problemi di tipo algoritmico non hanno una sola soluzione anzi è più probabile che ne abbiano infinite. Ogni persona ragiona in modo differente e di conseguenza ogni persona potrebbe proporre una propria soluzione perfettamente funzionante. Un modo per risolvere questo problema, ad esempio, è quello di verificare se sottraendo ripetutamente il numero più piccolo da quello più grande ad un certo punto si ottiene il valore 0. Se questo succede allora si può affermare che il più grande è multiplo del più piccolo. Se invece il risultato della sottrazione passa da un valore positivo ad uno negativo si può affermare che i due numeri non sono in relazione multiplo/sottomultiplo. Iniziamo col disegnare un possibile diagramma di flusso.

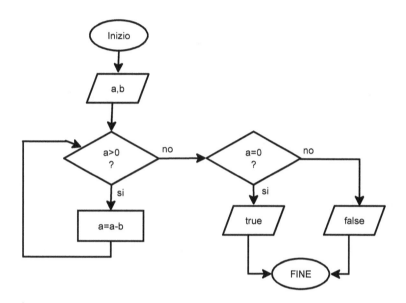

Ora si deve scrivere la funzione C++ che implementa l'algoritmo rappresentato dal precedente diagramma.

```
bool multiplo(int a, int b)
{
    //ripeto a=a-b fintanto che a è > 0
    while(a>0)
        a=a-b;
    if(a==0) // se a>0 è multiplo di b
        return true;
    else
        return false;
}
```

Per testare questa funzione si deve scrivere il programma completo, inserendo le clausole per il preprocessore e il main. Segue il codice completo scritto con l'ultima versione di Dev C++.

```cpp
#include <stdlib.h>
#include <conio.h>
using namespace std;
```

```cpp
bool multiplo(int a, int b)
{
    while(a>0) //ripeto a=a-b fintanto che a è > 0
        a=a-b;
    if(a==0) // se a>0 è multiplo di b
        return true;
    else
        return false;
}
```

```cpp
int main()
{
    int a,b;//dichiaro 2 variabili intere
    bool ris; //dichiaro una variabile booleana
    cout << "Inserisci il primo valore" << endl;
    cin >> a; //lettura del valore da tastiera
    cout << "Inserisci il secondo valore" << endl;
    cin >> b; //lettura del valore da tastiera
    ris=multiplo(a,b);

    if(ris==true)
        cout << "a e' multiplo di b" << endl;
    else
        cout << "a NON e' multiplo di b" << endl;

    system("pause"); //sospende l'elaborazione
    return 0; //indica la fine senza errori
}
```

Nella precedente soluzione il primo blocco contiene le direttive al preprocessore, il secondo blocco contiene la funzione vera e propria, il terzo blocco contiene il codice ausiliario e il main, necessari per eseguire la funzione.

Problema 22

Si scriva una funzione C++ che accetta in ingresso un valore intero e restituisce il valore di verità *true* se il valore inserito è un numero primo, *false* altrimenti.

Soluzione (cenni)

Questo esercizio permette di evidenziare la potenza dei linguaggi di programmazione nel caso in cui sia necessario usare una soluzione ricavata precedentemente per costruire una soluzione da applicare ad un problema più complesso.

Un numero primo in matematica è un numero naturale maggiore di 1 che sia divisibile solamente per 1 e per sé stesso. Da questa definizione può iniziare il ragionamento che porterà ad una soluzione algoritmica del problema.

Innanzitutto si può notare che un numero primo non è multiplo di nessun numero minore di esso. Allora si potrebbe applicare la funzione **multiplo** definita nell'esercizio precedente per verificare che non esistano numeri minori del numero stesso che siano suoi divisori interi. Se non si trovano divisori allora si può affermare che il numero è primo, viceversa si può affermare con certezza che il numero non è primo.

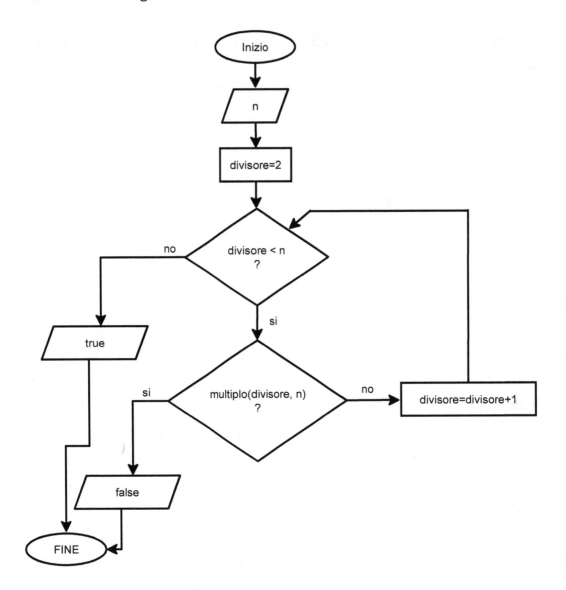

Questa soluzione prevede il controllo di divisibilità per ogni numero minore di n. Questo metodo, seppur corretto, non è molto efficiente infatti, ad esempio, non è necessario controllare la divisibilità per i numeri pari se si è già escluso la divisibilità per 2.

In altri termini non ha senso chiedersi se un numero è divisibile per 8, 10, 12, 14, 16, …, se si sa con certezza che non è divisibile per 2.

Inoltre, è sufficiente controllare un numero minore di divisori per decidere se un numero è primo. Per esercizio si provi a verificare il fatto che tutti i divisori interi di un numero **n** sono compresi tra 1 e $\sqrt{n}$.

Una volta progettato l'algoritmo si deve procedere, come di consueto, alla sua codifica mediante linguaggio di programmazione.

Il codice che segue implementa la funzione di controllo di primalità, che utilizza la funzione *multiplo* al suo interno.

```
bool numeroPrimo(int n)
{
    int divisore=2;
    while(divisore<n)
        if(multiplo(n,divisore)==false)
            divisore++;
        else
            return false;
    //quando divisore=n si esce dal ciclo:
    return true;
}
```

Come si vede all'interno del ciclo while è sufficiente trovare un solo divisore per concludere la funzione con l'uscita del valore *false* altrimenti si incrementa la variabile *divisore*.

Se il ciclo si completa e si arriva alla condizione per cui non è più vero che *divisore<n*, allora la funzione restituisce il valore *true*.

Come esercizio si completi il programma scrivendo anche il codice del main. Si ricorda che è necessario avere anche il codice della funzione *multiplo* nello stesso file[20], altrimenti il programma non funziona.

---

[20] In realtà ci sono vari modi in cui si possono linkare funzioni al programma principale, ma questo argomento esula dagli scopi del presente testo.

7.3.5.3 Input/output

Le operazioni di I/O servono al programma per interagire con utilizzatore umano. Attraverso queste operazioni è infatti possibile far leggere al programma i valori digitati da tastiera, ed è possibile far visualizzare le risposte a video.

Per poter eseguire operazioni di I/O è necessario includere nel programma la libreria standard contenente le funzionalità di input/output.

```
#include <stdio.h>
```

L'ambiente di sviluppo inserisce anche le clausole:

```
#include <iostream.h>
#include <stdlib.h>
```

Queste direttive servono rispettivamente per poter utilizzare gli operatori matematici e per la definizione di alcuni tipi di dati, comprese varie funzioni di utilità generale.

Per stampare un messaggio a video si può usare la procedura **printf**, come mostrato nel seguente programma.

```
#include <iostream.h>
#include <stdlib.h>
#include <stdio.h>

int main()
{
    int N;
    printf("Inserisci il valore di N:\n");
    system("pause");
    return 0;
}
```

Questo codice produce il seguente output:

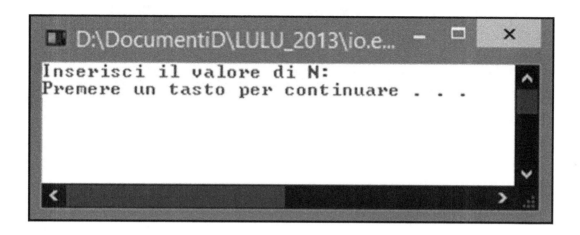

Analizzando il programma, dopo le direttive al preprocessore, si trovano le istruzioni inserite all'interno dell'ambiente `main`, che hanno il seguente significato:

1) Si dichiara una variabile di tipo int;
2) Si stampa a video la frase racchiusa tra doppi apici;
3) Si sospende l'elaborazione del programma così da evitare che termini. In caso contrario non sarebbe possibile vedere l'output (il lettore è invitato a verificare cosa succede rimuovendo questa istruzione);
4) Si termina con `return 0`, per indicare che non ci sono stati errori.

L'istruzione 2) presenta alcune stranezze infatti il messaggio che appare nel monitor non comprende i caratteri "\n" che invece sono presenti nell'istruzione. Come mai? La risposta è che tale sequenza rappresenta un comando speciale che serve per andare a capo, dunque non deve essere stampata.

Il successivo messaggio: "Premere un tasto per continuare..." è generato dall'istruzione `system("pause")` e, come si vede, appare proprio a capo, in una nuova linea.

Nel programma appena scritto non si esegue alcun calcolo: quando l'utente inserisce il valore di N, il programma termina. Il seguente programma include anche un segmento di codice per leggere il valore dell'input inserito da tastiera, e per stamparne l'elevamento al quadrato.

```
#include <iostream.h>
#include <stdlib.h>
#include <stdio.h>

int main()
{
    int k;
    printf("Inserisci il valore di k:\n");
    scanf ("%d",&k);
    printf("k al quadrato uguale  %d\n", k*k);
    system("pause");
    return 0;
}
```

La funzione scanf ha lo scopo di leggere il valore immesso dall'utente tramite la tastiera, in questo caso di interpretarlo come un numero, e di memorizzato nella variabile **k**.

La funzione scanf accetta come primo parametro una stringa di formattazione che serve per indicare il tipo con il quale interpretare i caratteri letti da tastiera e come secondo parametro l'indirizzo di una variabile dentro la quale andrà a scrivere il valore letto, interpretato secondo il tipo indicato nella stringa di formattazione. La stringa di formattazione, che deve essere racchiusa tra doppi apici, inizia col carattere '%' seguito da uno dei seguenti specificatori:

c   Carattere
d   Numero intero in notazione decimale
f   Numero reale
s   Stringa (array di caratteri)
p   Indirizzo di memoria

Nel precedente esempio si ha l'istruzione `scanf ("%d",&k)` nella quale dichiariamo che il tipo sarà un valore intero decimale da memorizzare nella variabile di indirizzo `&k`. Se si volesse stampare anche l'indirizzo della variabile k, sarebbe sufficiente aggiungere questa riga di codice dopo la prima `printf`:

```
printf("L'indirizzo di k = %p\n", &k);
```

Nella prima delle due funzioni di stampa si può notare la presenza del formattatore '`%d`' per la stampa del numero, e subito in sequenza del comando di andata a capo '`\n`'. Nella seconda `printf` invece si può notare il formattatore '`%p`' (per stampare indirizzi di memoria) seguito dal solito comando '`\n`'.

Eseguendo il programma completo di quest'ultima istruzione si ottiene l'output mostrato nella figura che segue.

Ci sono dei casi, come ad esempio nelle gare delle olimpiadi dell'informatica, dove è necessario scrivere il programma in modo che possa essere analizzato automaticamente dal software correttore. Questo motivo obbliga i concorrenti a scrivere i programmi in grado di leggere il proprio input da un file (chiamato input.txt) e di stampare il proprio output su un file (chiamato output.txt).

Fortunatamente nel linguaggio C++ la scrittura/lettura da file ha davvero poche differenze con i meccanismi normalmente utilizzati per leggere o scrivere dal canale standard (tastiera e video).
Le operazioni di I/O su file hanno sempre la seguente struttura:

1. **apertura del file**: dopo l'apertura è possibile leggere e scrivere;
2. **operazioni sul file**: lettura o scrittura;
3. **chiusura del file**: rende permanenti le modifiche al file.

In caso di lettura i dati contenuti nel file devono essere copiati in memoria centrale, viceversa in caso di scrittura si dovranno copiare le informazioni dalla memoria centrale al file.
Per ottenere un riferimento al file si farà uso di **puntatori**.
Un puntatore è semplicemente una variabile che al suo interno contiene un indirizzo di memoria relativo ad un'altra variabile. Nell'esempio che segue si userà un puntatore di tipo FILE e si eseguirà l'operazione di lettura di un numero intero dal file input.txt[21]. Il puntatore in conterrà l'indirizzo di una particolare struttura chiamata **descrittore del file**...
Una descrizione più approfondita dei puntatori è riportata nell'appendice A – Puntatori in C

```
int n; //dichiarazione variabile intera
FILE *in; //puntatore alla struttura FILE
in = fopen(input.txt,r);//apertura del file
fscanf(in,%d,&n); //operazione sul file
fclose(in); //chiusura del file
```

Il precedente codice esegue nel dettaglio:
• riga 1: dichiarazione di una variabile intera chiamata *n*;
• riga 2: dichiarazione di una variabile di tipo puntatore a FILE chiamata *in* che sarà collegata alla struttura del file;

---

[21] Il file input.txt deve trovarsi nella stessa cartella dove si trova l'eseguibile che lo deve utilizzare. In caso contrario è necessario specificare il path completo della cartella che contiene il file.

- riga 3: la chiamata alla funzione *fopen* determina l'apertura del file indicato come primo parametro. Il secondo parametro specifica il tipo di apertura (r = readonly ovvero sola lettura); nel caso occorra scrivere nel file si dovrà usare il valore w (write). La funzione ritorna il collegamento alla struttura del file e grazie all'assegnamento (=) tale indirizzo verrà copiato nella variabile puntatore *in*.
- riga 4: vengono effettuate una o più operazioni sul file, utilizzando le funzioni opportune. Nell'esempio si usa la funzione fscanf, la cui sintassi è simile a quella della funzione scanf, con la differenza che il primo parametro contiene il riferimento al file.
- riga 5: viene chiuso il file per renderlo disponibile ad altri programmi.

Esercizi

Progetta e testa le seguenti funzioni nel linguaggio C/C++

1. int **min** (int **a,** int **b,** int **c**) che accetta in ingresso tre valori interi e restituisce il più piccolo tra i tre.
2. int **interno** (int **a**, int **b**, int **c**) che accetta in ingresso tre valori interi e restituisce il valore contenuto tra gli altri due (ad es. interno (8,80,15) restituisce 15.
3. int **somma** (int **a**, int **b**, int **c**) che accetta in ingresso tre valori interi e restituisce la somma algebrica di tutti e tre.
4. int **prodotto** (int **a**, int **b**, int **c**) che accetta in ingresso tre valori interi e restituisce il prodotto tra i tre.
5. int **sommaProd** (int **a**, int **b**, int **c**) che accetta in ingresso tre valori interi e restituisce la somma dei due valori esterni moltiplicata per il valore interno (ad es. sommaProd (5,2,15) restituisce (5+15)*2 = 40.

Esercizi (segue)

Progetta e testa le seguenti funzioni nel linguaggio C/C++

6 int **min** (int **a**, int **b,** int **c**) che accetta in ingresso tre valori interi e restituisce il più piccolo tra i tre.

7 int **interno** (int **a**, int **b**, int **c**) che accetta in ingresso tre valori interi e restituisce il valore contenuto tra gli altri due (ad es. interno (8,80,15) restituisce 15.

8 int **somma** (int **a**, int **b**, int **c**) che accetta in ingresso tre valori interi e restituisce la somma algebrica di tutti e tre.

9 int **prodotto** (int **a**, int **b**, int **c**) che accetta in ingresso tre valori interi e restituisce il prodotto tra i tre.

10 int **sommaProd** (int **a**, int **b**, int **c**) che accetta in ingresso tre valori interi e restituisce la somma dei due valori esterni moltiplicata per il valore interno (ad es. sommaProd (5,2,15) restituisce (5+15)*2 = 40.

11 double **media** che accetta in ingresso 5 valori di tipo double e restituisce la loro media aritmetica semplice.

12 bool **palindrome** che accetta in ingresso un numero intero **n** e restituisce il valore *true* se il numero si può leggere indifferentemente da sinistra a destra e da destra a sinistra (es. 12521).

13 double **polinomio** che accetta in ingresso tre valori interi (**a,b,c**) e restituisce il calcolo del polinomio (2a+3b)/4c.

14 double **velocità** che accetta in ingresso i valori double **h0** (altezza in mt. all'istante t=0) e **t** (in sec.) e restituisce la velocità raggiunta in t secondi da un corpo in caduta libera in assenza di attrito con l'atmosfera.

15 Ripetere l'esercizio precedente considerando che l'esperimento si svolge sulla luna (g_L = 1,622 m/s^2).

8. Prerequisiti

Il termine "informatica" ha assunto oramai un gran numero di significati. Dal suo originario intento di esprimere la scienza che studia l'automatizzazione dei processi risolutivi dei problemi, si sono aggiunte negli anni, le accezioni di insiemi di strumenti tecnologici, di telecomunicazioni e di gestione.

Per questo motivo lo studio dell'informatica ha più interpretazioni, a seconda del contesto in cui ci si trova.

Comunque si scelga di interpretare il termine "informatica", non è più possibile tenerlo separato dalla conoscenza dei calcolatori e degli applicativi che essi eseguono. Un grande informatico, scomparso di recente, descrive in modo chiaro il concetto di scienza informatica con una frase (divenuta famosa) che traccia una netta linea di demarcazione tra tecnologia e scienza:

«L'informatica non riguarda i computer più di quanto l'astronomia riguardi i telescopi. » (Edsger Wybe Dijkstra)

Al giorno d'oggi un esperto informatico deve conoscere anche altri aspetti oltre a quello algoritmico. Deve saper affrontare e gestire problemi (anche semplici) che riguardano l'hardware (ad es. sostituire un Hard disk), il software di base (installare o configurare un sistema operativo), utilizzare software definiti di produttività personale (vd. pacchetto Office o simili), trarre profitto da Internet e gestire la propria rete locale.

Lo scopo del presente testo non è quello di trattare anche gli argomenti a contorno ma, considerata la loro utilità, saranno esaminati in rassegna un certo numero di siti Web che riportano i contenuti necessari a completare la formazione. Ogni contenuto proposto sarà classificato in base alla sua collocazione all'interno del grande mare di contenuti riconducibili al termine informatica.

8.1   Il concetto di sistema operativo

Il sistema operativo di un calcolatore è quello strato di software che si occupa di gestire il calcolatore stesso e che ne permette l'interazione con l'utente.

È compito del sistema operativo riconoscere i dispositivi e avviare l'installazione dei programmi driver, così come è compito del sistema operativo gestire la memoria centrale e assegnare il microprocessore ai programmi che lo richiedono. Il seguente elenco di siti Web offre una buona descrizione di cosa sia un sistema operativo e di come esso sia costituito.

- http://it.kioskea.net/contents/237-sistema-operativo
- http://gbgb.altervista.org/Web_progepi/appunti/Sistemi_Operativi.htm
- http://www.let.unicas.it/dida/links/didattica/arduini/disp4.pdf

8.2   Usare il pacchetto Office

Il pacchetto MS Office ha assunto ovunque un ruolo importante anche grazie alla sua diffusione. Oggi molti utenti usano *Word* per scrivere documenti, *Excel* per realizzare fogli elettronici che automatizzano i calcoli, *Powerpoint* per realizzare accattivanti presentazioni multimediali, etc.

Questi applicativi, che se analizzati nel dettaglio sono tutt'altro che semplici, hanno raggiunto tuttavia un grado di utilizzabilità tale che ne permette l'uso quasi immediato anche ad utenti alle prime armi.

Il seguente elenco di siti mostra come utilizzare i programmi di Office in modo da poterne sfruttare le funzionalità, a partire da quelle di base fino a quelle più avanzate.

Word:

- http://www.tutorialpc.it/wordmenu.asp
- http://www.lascatoladeisegreti.it/word.htm

- http://www.miol.it/stagniweb/word01.htm
- http://www.web-facile.org/0_sito/computer/uso_word.htm

Excel:

- http://www.tutorialpc.it/excelmenu.asp
- http://www.lascatoladeisegreti.it/excel.htm
- http://www.liceovittorioveneto.it/docenti/informatica/Excel/guida_ex cel_intro.pdf
- http://www.hhweb.it/come-utilizzare-le-celle-di-excel.htm

Powerpoint

- http://educatamente.it/PPointbase.pdf
- http://www.limega.com/site/wp-content/uploads/2011/11/manuale-powerpoint.pdf
- http://www.youtube.com/watch?v=f-VPt3ru2Os

8.3   Capire l'architettura e l'Hardware

I seguenti link conducono a del materiale relativo all'architettura interna di un calcolatore e alla comprensione dell'hardware.

- http://mars.ing.unimo.it/didattica/corsore/LucidiPDF/02bis_Architettu ra.pdf
- http://www.ing.unitn.it/~dandrea/materiale/2001-09-24.pdf
- http://salvo.scuole.bo.it/merenda/computer/computer.htm
- http://www.itchiavari.org/ict/docs/hardware.pdf

8.4   Configurare una piccola LAN

Saper collegare due computer in rete, condividere risorse, comprendere la segmentazione in sottoreti, sono bagagli culturali imprescindibili per chi intende operare nel mondo dell'ICT. I seguenti link conducono a dei siti che descrivono i vari aspetti delle reti.

- http://www.pc-facile.com/guide/installare_configurare_rete_locale_lan/23727.htm
- http://www.langamers.it/lan_tutorial/conf_winxppro.asp
- http://www.informaticando.net/post/Come-configurare-ed-usare-una-rete-LAN-in-Windows.aspx

www.ingramcontent.com/pod-product-compliance
Lightning Source LLC
Chambersburg PA
CBHW080416060326
40689CB00019B/4270